Über dieses Buch   Das »meditative Tagebuch« umfaßt drei Teile, die gleichermaßen, aber in der Form völlig verschieden, hinführen zu Entspannung und Meditation.

Die Geschichten im ersten Teil *»Stadt, Sein, Sehnsucht. Autogenes Training in Alltags- und Reisebeobachtungen«* ermöglichen eine Sensibilisierung der Wahrnehmung des Selbst und des Lebensumfeldes. Sie bieten Anregungen, aus der täglichen Routine, der möglichen Erstarrung von Lebensgewohnheiten, herauszukommen, neue Ein- und Ansichten zu erlangen und mehr kreative Phantasie für die persönliche Lebensgestaltung und -bewältigung zu entwickeln. Das eingebundene Autogene Training ermöglicht einen tiefen Ruhezustand und umfassende Entspannung. Durch diese Erholungspausen gewinnt der Leser frische Energie.

Im zweiten Teil *»Alleinsein mit sich selbst«* sind *»Aphorismen von A bis Z«* als Meditationsvorlagen konzipiert. Die Beschäftigung mit den Sinnsprüchen erfordert kein tiefgründiges Erforschen ihrer Aussagen. Die Konzentration auf den Spruch erleichtert das Abschalten vom bedrängenden Alltag, setzt eigene Gedanken und Phantasien frei, führt zu Entspannung und innerer Ruhe.

Der Teil *»Klatschmohn, Kornblume. Augenblicksbeschreibungen, Naturimpressionen«* wurde angeregt durch die japanische Haiku-Dichtung, die ihre Wurzeln im Zen-Buddhismus hat. Die formale Vorgabe der Silbenfolge 5–7–5 zwingt den Verfasser zu einer großen Verdichtung seiner Aussage, sie ermöglicht jedoch dem Lesenden freies Assoziieren. Die Dreizeiler regen die Phantasie zum Malen bunter, vielfältiger Innenbilder an und dienen als Einstiegshilfe zu einer Meditation.

Die Autorin   Else Müller, geb. 1934, lebt in Frankfurt am Main. Sie war von 1962–1975 Dozentin an der Frankfurter Volkshochschule, machte 1977 ihr Examen als Sozialarbeiterin und 1979 ihr Diplom als Sozialpädagogin an der Universität Frankfurt. Sie arbeitet heute als Therapeutin in ihrer eigenen Praxis und hält Kurse ab in Autogenem Training, Atemtraining und Meditation. Veröffentlichungen: Bewußter leben durch autogenes Training und richtiges Atmen, rororo 7753 (1983); Du spürst unter deinen Füßen das Gras. Autogenes Training in Phantasie- und Märchenreisen. Fischer Taschenbuch Bd. 3325 (1983); Hilfe gegen Schulstreß, rororo 7877 (1984); Auf der Silberlichtstraße des Mondes. Autogenes Training mit Märchen zum Entspannen und Träumen, Fischer Taschenbuch Bd. 3363 (1985).

Else Müller

Du fühlst die Wunder nur in dir

Autogenes Training und
Meditation in Alltagsbeobachtungen,
Aphorismen und Haikus

Fischer Taschenbuch Verlag

Lektorat: Anke Rasch

Die erste Ausgabe dieses Buches erschien 1989 unter dem Titel
»Du fühlst die Wunder nur in dir. Meditatives Tagebuch zum Entspannen, Besinnen
und Träumen« im Fischer Taschenbuch Verlag (Band 23534).

Überarbeitete Neuausgabe
Veröffentlicht im Fischer Taschenbuch Verlag GmbH,
Frankfurt am Main, August 1993

© 1993 by Fischer Taschenbuch Verlag GmbH, Frankfurt am Main
Kalligraphie: Gabriele Tauchnitz
Umschlaggestaltung: Buchholz/Hinsch/Hensinger
Gesamtherstellung: Clausen & Bosse, Leck
Printed in Germany
ISBN 3-596-11692-9

Gedruckt auf chlor- und säurefreiem Papier

Inhalt

Einführung 6
Streß – eine Krankheit unserer Zeit 7
   Hilfen gegen Streß 8
Autogenes Training – die Kunst der
Selbstentspannung 9
   Kleine Übungsanleitung zum Autogenen
   Training 10
   Einige Anregungen für das Lesen oder Vorlesen
   der Geschichten 11
Meditation – eine Kunst des Absichtslosen 12
   Kleine Übungsanleitung zum Meditieren 13

Stadt, Sein, Sehnsucht
   Autogenes Training in Alltags- und
   Reisebeobachtungen 15

Alleinsein mit sich selbst
   Aphorismen von A bis Z zum Meditieren 79

Klatschmohn, Kornblume
   Meditationen mit japanischen Gedichtformen . . 107
   Naturimpressionen 113
   Augenblicksbeschreibungen 140
   Unterwegs 161
   Ostern in Kappadokien 170
   Liebe 182

Einführung

Dieses Buch ist eine Fortsetzung und Weiterentwicklung des 1983 im Fischer Taschenbuch Verlag erschienenen Buches »Du spürst unter deinen Füßen das Gras«, in dem das therapeutische Element des Autogenen Trainings in Phantasie- und Märchenreisen eingebunden war. Auch das 1985 im gleichen Verlag veröffentlichte Märchenbuch »Auf der Silberlichtstraße des Mondes« hatte ein ähnliches Thema, war aber vorwiegend für Kinder verfaßt. Die Geschichten, Reisen und Märchen wollen phantasievoll unterhalten, sensibilisieren und sowohl dem Zuhörenden wie dem Vorlesenden helfen, den Streß des Alltags eine Weile auszuschalten, sich dabei – und dies fast absichtslos – zu entspannen und zu erholen.
Dieses Buch, »Du fühlst die Wunder nur in dir«, ist eher zum Selberlesen gedacht, schließt aber auch ein Vorlesen nicht aus. Die Alltags- und Reisebeobachtungen, die Aphorismen, die Augenblicksbeschreibungen und Naturimpressionen regen die Phantasie an. Sie dienen mit ihren vielfältigen Assoziationsmöglichkeiten als Vorlagen zu Autogenem Training und Meditationen, bieten Lebenshilfe durch Identifikation und führen letztendlich zu tiefer Entspannung, Ruhe und Erholung.

Streß – eine Krankheit unserer Zeit

Es gibt heute wohl kaum einen Menschen bei uns, gleichgültig welchen Alters, Geschlechts oder welcher sozialen Herkunft, der nicht zumindest zeitweise unter Streß leidet. Er ist eine zeittypische Krankheit, die den Menschen in seiner Leistungsfähigkeit und Lebensfreude beeinträchtigt. Die meisten psychosomatischen, also körperlich-seelischen Störungen und Erkrankungen sind die Folgen einer länger andauernden Anspannung, die nicht aufgelöst werden kann.
In den Arztpraxen häufen sich die Fälle von funktionellen Krankheiten, Fehlregulationen, die keine organischen Befunde aufweisen. Der Patient leidet dabei subjektiv unter vielfältigen Symptomen, objektiv können keine Auffälligkeiten diagnostiziert werden. Es gibt jedoch auch Erkrankungen, die durchaus organisch nachweisbar sind, deren Ursachen aber ebenfalls im anhaltenden Streß liegen, dazu gehören im besonderen Magen- und Darmbeschwerden. Das Magengeschwür und die Gastritis sind bekannte, häufig vorkommende Streßkrankheiten, die auch der pharmazeutischen oder gar operativen Intervention bedürfen.
Auf diese Krankheiten ist die traditionelle Medizin leider nur unzureichend vorbereitet. Das in ihr herrschende biologistisch-mechanistische Menschenbild erfaßt den Patienten nicht in seiner Ganzheitlichkeit, also als Einheit von Körper, Geist und Seele. Medikamentöse oder apparative Therapien bleiben deshalb unzulänglich. Das Ergebnis muß unbefriedigend bleiben, solange den Ursachen und Folgen von psychosozialem Streß zuwenig Beachtung geschenkt wird.
Streß ist eine Art von Daueralarm im Organismus. Diese anhaltende Anspannung bringt das feine Zusammenspiel von Körper, Geist und Seele aus dem Gleichgewicht. Der ganze Mensch gerät aus dem Lot, wenn die lebenswichtige Homöostase des Organismus gestört ist, das Immunsystem wird geschwächt, und Krankheitserreger haben leichtes Spiel.

Hilfen gegen Streß

Der erste Schritt zum Abbau von Streß ist das Bewußtmachen von Situationen, die zu großen inneren Spannungen führen und damit Streß auslösen. Häufig ist Streß selbstgemacht, weil wir zu hohe Erwartungen an uns stellen. Wir werden dadurch oft unser eigener Feind. Unsere körperlich-seelische Gesundheit können wir aber genausogut selbst positiv beeinflussen. Wir können für ein »lebendiges« Gesundsein sorgen, das mehr meint als nur das Fehlen von Krankheiten.

Einer wirkungsvollen Krankheitsvorbeugung und Gesunderhaltung dienen u. a. das Autogene Training und die Meditation. Entspannungsmethoden gehören zu den wirkungsvollsten Gegenmitteln bei Streß, der sich aus vielen Faktoren zusammensetzt: aus der eigenen psychischen Biographie, den sozialen Lebensbedingungen, aus den Genen und der ererbten Chromosomenstruktur. Als unverwechselbares Individuum hat jeder Mensch sein persönliches Lebensmuster, zu dem auch seine Reaktionen auf Belastungen gehören. Patentrezepte kann es deshalb nie geben, die heute wissenschaftlich nachweisbaren Ergebnisse und Erfolge von Entspannungsmethoden sprechen aber für das Erlernen solcher Techniken.

Bevor man sich jedoch mit Autogenem Training oder Meditation beschäftigt, ist es sinnvoll und hilfreich, folgende Anregungen, die aus der Erfahrung gesammelt wurden, zu berücksichtigen:

- Überprüfen Sie das eigene Leben, und nehmen Sie sich selbst ehrlich wahr.
- Spüren Sie Stressoren auf – erkennen Sie, wann und wie für Sie Streß entsteht.
- Lenken Sie Ihre Aufmerksamkeit auf den beruflichen Alltag und auf Ihre menschlichen Beziehungen.
- Überprüfen Sie, ob Sie eventuell ein übersteigertes Leistungs- und Konkurrenzverhalten haben.
- Setzen Sie verstärkt die Kraft des positiven Denkens ein.
- Lernen Sie, Unabwendbares anzunehmen.
- Trachten Sie nach größerer Selbstbesinnung, nach Selbstfindung und Selbstbestimmung.
- Lernen Sie, nach persönlichen Wertmaßstäben zu leben.

Autogenes Training – die Kunst der Selbstentspannung

Das Autogene Training (AT) ist eine durch den Neurologen Prof. J. H. Schulz (1884–1970) entwickelte Methode der Selbstentspannung und Selbstruhigstellung, die auch konzentrative Selbstentspannung genannt wird. Sie eignet sich zur Prophylaxe (Vorbeugung), Psychohygiene (Seelengesundheitspflege) und Therapie (Heilbehandlung) bei allen möglichen Streßerkrankungen. Durch die Autosuggestion (Selbstbeeinflussung) kann eine körperlich-seelische Entspannung erreicht werden, die als tiefe Ruhe erlebt wird. Der gesamte Organismus erholt und regeneriert sich dabei.

Entwickelt wurde dieses wirksame und vielseitige Heilverfahren, nachdem Patienten nach Hypnosebehandlungen berichteten, daß sie sich angenehm schwer, warm und entspannt fühlten und in der Lage waren, Alltagsgedanken und -sorgen für eine Weile auszuschalten. Diese angenehmen Erholungszustände ohne Medikamente und äußere Hilfe jederzeit herstellen zu können war das Ziel der Forschung und Entwicklung des Autogenen Trainings, das schließlich als eine der wirkungsvollsten Hilfen gegen Streß weltberühmt werden sollte.

Wissenschaftlich läßt sich die Wirkung des Autogenen Trainings mit dem Prinzip der Ideomotorik erklären, das heißt, etwas wird nur durch Vorstellung ausgelöst: Eine Formel der Ruhe, Schwere, Wärme etc. wird »gedacht«, im Körper wird es dann »gefühlt«, was zum gewünschten Verhalten und damit zum Erfolg führt. Wenn sich der Übende z. B. konzentriert vorstellt und sich innerlich vorsagt, daß sein rechter Arm ganz schwer ist, so wird er nach einigem Training bemerken, daß er tatsächlich nicht mehr in der Lage ist, den Arm anzuheben, weil er so schwer ist. Stellt er sich nun vor, der Arm sei ganz warm, so wird er wirklich warm, weil die Gefäße der Muskulatur sich erweitern und besser durchblutet werden. Durch regelmäßiges Üben wird er die Wärme durch den ganzen Körper strömen lassen und später auch einen Zustand der körperlichen und geistigen Entspannung sofort hervorrufen können.

Das Vorlesen oder Selberlesen entsprechend konzipierter Geschichten kann ebenfalls Entspannung bewirken, die nahezu von selber eintritt, wenn nicht bewußt oder unbewußt innere Sperren dagegen aufgebaut werden. Im Kapitel »Stadt, Sein, Sehnsucht« wird dies besonders deutlich.

Kleine Übungsanleitung zum Autogenen Training

Das Training sollte in einem ruhigen Raum mit angenehmer Atmosphäre durchgeführt werden. Der Übende sollte bequem sitzen oder liegen. Er beginnt mit der Ruheformel (»Ich bin ganz ruhig«). Diese Einstimmung beeinflußt das vegetative Geschehen: Die Nerven entspannen sich, die Atmung, die unter Streß hektisch, flach und kurz ist, wird harmonischer (Formel: »Es atmet mich«, ich forciere nichts und lasse den Atem geschehen). Die Ruhe wird bald körperlich und seelisch fühlbar.
Mit der Schwereformel (z. B. »Mein rechter Arm ist ganz schwer«) wird dann ein Körperteil nach dem anderen angesprochen, bis die Schwere überall im Körper fühlbar geworden ist.
Danach folgt der Übergang zur Wärmeformel (z. B. »Mein rechter Arm ist ganz warm«), mit der nach und nach der ganze Körper wohlig warm wird.
Während der Übung wird der Herzschlag langsamer, der Blutdruck sinkt. Der gesamte Organismus wird auf Energiesparen eingestellt.
Zum Abschluß der Übung wird noch einmal das Gefühl der Entspannung im ganzen Körper genossen (Formel: »Ich bin ganz ruhig und entspannt«) und anschließend durch die sogenannte Zurücknahme mit Recken, Strecken, Gähnen und Öffnen der Augen wieder umgeschaltet auf normale Aktivität. Der Übende wird sich noch eine ganze Weile entspannt und erholt fühlen.
Der Erfolg des Autogenen Trainings hängt von der persönlichen Einstellung und dem Einsatz ab. Konsequentes und regelmäßiges Üben ist die Voraussetzung dafür, die Gelassenheit zu erreichen, die nötig ist, um Konflikte und Probleme nicht mehr so tief unter die Haut dringen zu lassen.
Loslassen, Geschehenlassen sind die Zauberformeln dieser Therapie. Geduld und regelmäßiges Üben, ohne den Erfolg herbeizwingen zu wollen, führt zu der erhofften Wirkung.

Einige Anregungen für das Lesen oder Vorlesen der Geschichten

- Nehmen Sie sich Zeit.
- Wählen Sie einen nicht zu hellen Raum, und schalten Sie Störquellen möglichst aus.
- Der Vorlesende sollte langsam, ruhig und nicht zu laut, sondern mit »Schonstimme« lesen.
- Die therapeutischen Impulse des Autogenen Trainings und der meditativen Übungen (mit *kursiver Schrift* kenntlich gemacht) sind durch ruhiges, aber etwas betontes Sprechen zu akzentuieren.
- Klären Sie vorher, ob nach einer Geschichte die »Zurücknahme« (tiefes Durchatmen, kräftiges Recken und Strecken) erfolgen soll oder ob der Zuhörende auf seiner »Insel der Ruhe« weiterträumen will.
- Beim (Vor)Lesen der Geschichten vor dem Einschlafen erübrigt sich die Zurücknahme.
- Als Einschlafhilfen sind die Geschichten besonders geeignet. Den Alltag ausschalten und in die Welt der Phantasie eintauchen verbessert die Schlaftiefe.

Meditation – eine Kunst des Absichtslosen

Wer die Meditation mit Willen machen möchte, wird keinen Erfolg haben. Meditation läßt sich nicht erzwingen, sie erfordert das Loslassenkönnen, ein Geschehenlassen. Sich ganz auf sich selbst, auf den Augenblick konzentrieren zu können ist eine wesentliche Voraussetzung für das Gelingen einer befriedigenden Meditation, die eine Ruhepause für die angestrengten Nerven, den überforderten Geist und die belastete Seele bringt. Die Kontrollfunktion des Verstandes über die Gefühle für eine Weile auszuschalten bedeutet für »Kopfmenschen« eine Form von Selbst-Aufgabe, die zunächst als beängstigend erlebt werden kann. Die Vorstellung, sich während einer Meditation ganz seinen unkontrollierten Gefühlen zu überlassen, löst Unbehagen aus. Doch dies sind nur Anfangsschwierigkeiten. Sich fallenlassen heißt nicht, ins Bodenlose zu fallen. Wird das öfter erfahren, verliert dieser Zustand seinen Schrecken und wird als befreiend und bereichernd erlebt.
In der Meditation werden das Tages- und Wachbewußtsein ausgeschaltet, die Sinne von der (Außen-)Welt abgezogen. Daraufhin tritt eine gewünschte Außenreizverarmung ein, die zu einer Leere führt, die als tiefe Ruhe erfahren wird. Diese Ruhe wird übrigens meßbar in einer Tonusminderung, das heißt, der Spannungszustand der Muskeln wird herabgesetzt, das vegetative Nervensystem entlastet und die Funktion der Organe normalisiert, also eine gesundheitsfördernde Balance wiederhergestellt.
In einer vollkommenen Ruhe kann man bis auf den Grund seiner Seele schauen. Der Meditierende erkennt sein wahres, ungeschminktes Selbst. Er erkennt, wer er ist, was er ist und was er wirklich will. Der Mensch ist auch die Summe aller Bilder, die andere von ihm haben und denen er entsprechen will. Diese Projektionen der anderen, ihre Erwartungen sind Hindernisse beim Finden des wahren, eigentlichen Selbst und seiner Bedürfnisse. Das in der Meditation Ganz-zu-sich-selbst-Kommen ermöglicht eine größere Selbstakzeptanz, eine Befreiung von Zwängen und Ängsten. Mehr Selbstsicherheit, Selbstbewußtsein und Selbstentfaltung sind die angestrebten Ziele der Meditation. Sie setzen ungeahnte Kräfte und Energien frei. Vertrauen zu sich selbst, zu den eigenen Fähigkeiten, bedeutet auch ein Annehmenkönnen der eigenen

Schattenanteile. Die Affirmationsformel: »Ich bin ich« mag abgedroschen erscheinen, ist aber trotzdem von großer Wirkung. Sie stärkt die therapeutische Kraft eines positiven Denkens.

Kleine Übungsanleitung zum Meditieren

Meditation hat nichts mit Magie und Mystik zu tun, auch nichts mit Esoterik. Jeder kann sie lernen! Das wichtigste ist, immer wieder daran zu denken: Die Meditation ist eine Kunst des Absichtslosen. Mit dem Willen ist sie nicht zu erzwingen, weil Wille immer Spannung bedeutet. Die Konzentration auf die eigenen Atmung, ihre Regulierung und Verlangsamung sind Einstiegshilfen. Die These des Autogenen Trainings, den Atem nicht forciert beeinflussen zu wollen, ihn geschehen zu lassen, »es atmet mich«, gilt auch hier. Annehmen, was aus dem Inneren kommt, Gedanken zulassen, die auftauchen, sind weitere Grundsätze. Versuchen, die Außenwelt auszuschalten, ganz bei sich selbst zu sein und seinem Tun, das sind die Voraussetzungen zum Gelingen einer Meditation.

Äußere Bedingungen für die Meditation
– sich Zeit nehmen
– nicht mit vollem Magen oder nach dem Genuß anregender Getränke üben
– sich einen ruhigen, nicht zu hellen Platz suchen
– Störfaktoren, wie Telefon, Klingel etc., möglichst abstellen

Innere Bedingungen
– sich ganz bewußt auch körperlich fühlen
– Gedanken loslassen (»sie fliegen vorüber wie Wolken«)
– Spannung loslassen
– auf den ruhigen Atem konzentrieren
– »es atmet mich« fühlen
– loslassen und zulassen, was geschieht
– sich ruhig und entspannt fühlen
– Geduld, Geduld, Geduld haben

Nach längerem Üben (möglichst am gleichen Ort, zur gleichen Zeit) werden die oben erwähnten Hilfen selbstverständlich werden, sie werden verinnerlicht. Für die Meditation gilt auch die Zen-Erkenntnis: »Der Weg ist das Ziel.« Das Tun ist wichtig, nicht nur das angestrebte Ziel.

Das Gefühl tiefster Ruhe kann zu einer Art Leere führen, sie ist *ein* gewünschter Zustand. Körper, Geist und Seele können sich dabei entspannen, erholen und regenerieren. In dieser »Leere« kann man aber in Ruhe über vieles nachdenken, über sich selbst, sein Leben, über Vergangenheit, Gegenwart und Zukunft. Reisen können wiedererlebt, positive emotionale Erlebnisse und Erfahrungen nachempfunden werden; Bilder und Gefühle ziehen wie Dias vor dem inneren Auge vorüber. Es kann allerdings auch einmal zu Gefühlen der Trauer, des Schmerzes kommen. Dem Bedürfnis zu weinen sollte nachgegeben werden, Tränen sind auch Zeichen von Erleichterung, Entlastung und Entspannung.

Jeder wird die Meditation individuell erleben. Sie entzieht sich eigentlich jeglicher verstandesmäßigen Erklärung und Deutung. Sie sollte niemals Dogma sein. Jeder Übende wird seine persönliche Form finden, in der er meditieren wird, ob im Sitzen oder im Liegen (hier ist allerdings ein Einschlafen leichter möglich), alles ist erlaubt, was gefällt. Lassen Sie sich nicht von anderen irritieren, finden Sie Ihren Weg selbst heraus.

Stadt, Sein, Sehnsucht

*Autogenes Training in Alltags-
und Reisebeobachtungen*

Das Kapitel »Stadt, Sein, Sehnsucht. Autogenes Training in Alltags- und Reisebeobachtungen« ermöglicht eine Sensibilisierung der Eigenwahrnehmung und des Lebensumfeldes. Es steckt voller Anregungen, die aus der alltäglichen Routine, der möglichen Erstarrung von Lebensgewohnheiten, aus der Gefahr, in die Langeweile abzugleiten, herausführen.
Die Beschreibungen persönlicher Lebenssituationen bieten Indentifikations- und auch Lösungsmöglichkeiten für viele Probleme des Lesenden an. Bewußteres Wahrnehmen der kleinen Freuden auf dem (Lebens-)Weg, deren Summe vielleicht Glück ausmacht, läßt das Leben, trotz aller Belastungen, lebendiger und befriedigender werden. Ein Warten auf Sensationen, auf das ganz große Glück verstellt uns zu oft die Sicht, deshalb sehen wir die vielen glückvollen Momente dann unter Wert. Wir betrachten sie als selbstverständlich, und Selbstverständlichkeiten verlieren jeden Zauber. Ein ausschließlich zielorientiert lebender Mensch hat seine Augen geschlossen für die Dinge am Weg. Er ist nicht mehr offen für scheinbar Nebensächliches, für die Begegnungen, Eindrücke und Erlebnisse, die den Weg erst so spannend machen.
Die Sprache in den Geschichten ist absichtlich farbig. Aus alten Volksmärchen habe ich gelernt, eine bilderreiche Sprache als Anregung für eine lebendige Phantasie zu benutzen. Sie gibt auch einfachen Begebenheiten eine größere Dimension, sinnliche Wahrnehmungen werden plastischer. Die therapeutischen Impulse des Autogenen Trainings und die Atemberuhigungen sind meist fließend in die Geschichten eingebunden oder beenden sie harmonisch. Die Formeln, die dabei verwendet werden, sind kursiv gesetzt.
Andere Geschichten haben als Schwerpunkt einen mehr meditativen Inhalt, sie geben Hilfen zu einer Bewußtseinserweiterung. Ein Abbau von Spannungen, ein Öffnen allzu enger Begrenzungen sind in der Folge die meist neuen, bereichernden Erfahrungen. Die Ruhe, die während des Lesens fühlbar wird, wirkt oft noch lange in den Alltag hinein.
Die persönlichen Lebensgeschichten handeln von Grundproblemen

des Daseins und lassen sich deshalb leicht übertragen. Eigene, vielleicht auch versteckte Gefühle des Lesenden können durch das Miterleben mobilisiert werden. Obwohl die Lösungsansätze subjektiv sind, sind sie geeignet, den Lesenden zu eigenen Lösungen zu führen.

Alle Geschichten möchten an den Reichtum menschlicher Phantasie erinnern, sie wollen dazu beitragen, sich dieser wieder verstärkt zu bedienen. Sie wollen anregen, neue Wege zu suchen, wenn sich alte als Irrwege oder Sackgassen erwiesen haben. Neue Wege sind manchmal unbequem und manchmal auch beängstigend, deshalb mache ich in den Texten deutlich, wie spannend es sein kann, wenn Verlauf und Ende eines Weges nicht voraussehbar sind. Hinter jeder Wegbiegung verbirgt sich etwas Neues, das Offensein dafür läßt ungeahnte Wunder zu.

Stadt, Sein, Sehnsucht

Sommerprogramm der Kirche,
der evangelischen Erwachsenenbildung –
die letzte Veranstaltung gilt den Frauen dieser Stadt –
»Frauenräume – Freiräume«
Fragen werden gestellt,
wie erleben Frauen eine Großstadt?
Wie kommen sie an ein Ziel?
Unter die Erde verbannt, in U-Bahnen –
Eingänge, Tunnels, Orte vieler Überfälle –
Raub, Gewalt, Vergewaltigung –
Angst, spürbar in allen Gesprächen –
Die Frage ist nach viel mehr Licht
auf Straßen und auf Plätzen –
schafft dies mehr Sicherheit, mehr Freiheit,
sich zu bewegen bei Tag und in der Nacht?
Doch Licht heißt auch mehr Kontrolle,
für die, die Ordnung halten, für die Polizei –
Plätze von Büschen radikal befreit,
verscheucht die Penner, die dort die Stadt bewohnen,
die keiner Frau zu Leibe rücken –
Zuviel Durchblick, Überblick, Kontrolle,
Gefahren durch einen Überwachungsstaat?
George Orwell läßt dann schön grüßen –
Es wird Rat gegeben zur Selbstverteidigung,
die zu lernen auch mehr Selbstbewußtsein heißen kann –
Vielen ist dies zu individualistisch,
Strukturen sind's, die es zu verändern gilt –
Auf Rädern, von Autos gehetzt,
zu Fuß eingenebelt von Autoabgasen,
ist tägliches Los von Frauen, auch von Kindern –
Männer sitzen im Familienauto,
ihr Weg ist bequemer und auch sicherer –
Die Stadt be-herrscht von Banken und Profit –
Macht in Männerhänden,

die ihre Maßstäbe setzen,
in denen Menschlichkeit und Wärme wenig Platz hat –
Kinder, Frauen an den Rand gedrängt,
auf Wegen durch die Stadt wie Hasen hüpfend,
die um ihr Leben bangen –
Autos, Autos, Lärm und viel Gestank –
Wohnungen ohne Grün und freien Raum,
in den sich Frauen flüchten können,
zum Träumen, Lesen und Experimentieren,
in Ruhe sich Gedanken machen
über ihr Leben, das, mehr selbstbestimmt,
dann lebenswerter wäre –
Ausgeschlossen fühlen sie sich,
erzählen viele Frauen in kleinen Gruppen,
aus Entscheidungsgremien,
die über ihr Leben und das der Kinder das Sagen haben –
Frauen vermissen Arbeitsplätze, nahe ihrem Heim
und für weniger Stunden, die noch Kraft übriglassen
für sich, den Alltag, den zu meistern man ihnen ganz überläßt –
Utopien, Träume, Phantasien –
Was ist zu tun, damit die Stadt auch für Frauen besser wird –
»U-Bahn zuschütten, Tunnels verschließen« –
Menschen fahren dann wieder im Licht durch ihre Stadt,
in kurzen Wegen über der Erde,
nicht mehr wie Maulwürfe mit blinden Augen –
»Planer sollen Bildungsurlaub nehmen,
zu Hause, um zu sehen,
wie das Alltagsleben ist,
das für Frauen und Kinder eingeengt,
eingeschränkt und voll Gefahren« –
Vielleicht sähe es dann anders aus,
all das, was sie so selbst-herrlich planen und auch bauen –
Planung in einer Stadt, in der es Freude machen könnte, zu leben
und nicht nur zu existieren –
Frauen sollten mitbestimmen beim Aussehen ihrer Stadt,
aber das bleibt Utopie,
denn Frauen haben zuwenig teil an Geld und Macht –
Doch gibt's auch Lobendes zu hören –
Gerade die Widersprüche fordern heraus,

halten lebendig, schaffen Kontakte –
Angebote aus Politik und Kultur,
Summertime, Programm in dieser Stadt,
in vielen Parks und in Museen –
Der große Fluß, an dem zu gehen, zu radeln und zu lagern
Freude macht, der zum Ausruhen einlädt –
Die vielen kleinen Eiscafés, Kneipen vieler Nationalitäten
und Terrassen, Orte, wo man Freunde trifft,
unverhofft so manches Mal –
Die Stadt: Zentrum vieler Möglichkeiten –
Es ist recht tröstlich zu erfahren,
daß manche Frau ihre Stadt auch liebt,
mit allen Ambivalenzen –

Summertime Zelttheater

Sommerzeit in der Stadt –
Zelttheater in einem der großen Parks –
Junge Leute warten auf den Beginn des Programms –
Das gestreifte Zelt duckt sich unter den Riesenbäumen,
deren Kronen sich wie grüne Dächer ausbreiten –
Inmitten des Parks liegt wie eine rotbraune Muschel
der Weiher mit seinen Sandsteinfiguren,
Riesenmenschen, grob die Formen –
in der Mitte der Springbrunnen,
wie zwei Wellen aufgetürmt,
aus denen Rutschbahnen Kinderspaß versprechen –
Langsam schleicht Dunkelheit in den Park –
die farbigen Lämpchen über dem Zelt
funkeln wie Glühwürmchen,
die selten man in der Stadt noch sieht –
Alles drängt zum Eingang,
Musik, meinem Ohr nicht gerade freundlich,
zieht wie ein Sog ins Zelt hinein –
Die Show beginnt –
Männer in verschiedenen Rollen,
machen Jux und klagen doch auch an:

Mütter, die wie Spinnen
sie noch immer in ihre Netze binden;
die Gesellschaft, die sie diskriminiert,
die Menschen ins Getto drängen will,
Menschen, die Normen nicht entsprechen –
Die Männer singen, schreien oft ihre Wut, Verletztheit raus –
Dann wieder sind sie heiter, ganz gelöst,
können lachen, auch über sich selbst.

Frauentreffen

Frauen aus der »Bewegung« der 70er Jahre
treffen sich wieder nach langer Zeit –
Ein Blick zu Hause in den Spiegel,
werden sie mich noch erkennen?
Ich lass' die Zeit Revue passieren,
was ist inzwischen alles geschehen?
Der Weg ging weiter, ohne daß ich ihm Einhalt gebieten konnte –
Bindungen brachen auseinander, die Jahrzehnte gehalten –
Kinder wurden erwachsen –
Eigene Weiterbildung, Studium stand im Zentrum –
In der Kneipe dann großes Hallo –
Umarmungen, manche Träne wird schnell zerdrückt –
Euphorisch wird die vergangene Zeit gepriesen,
der Aufbruch, die Veränderungen,
Lust und Leid als Wegbegleiter –
Ein Stimmengewirr, man versteht kaum das eigne Wort –
Doch bald schon wird erkennbar,
wie verschieden die Lebensentwürfe sind –
Man ist versucht, den eignen zu verteidigen,
den andren mild zu kritisieren –
Unterschiede werden deutlich,
die Jahre zuvor das gemeinsame Ziel verwischte –
Rivalitäten, Konkurrenz sind wieder aufgebrochen,
ein wenig Bitterkeit mischt sich in das frohe Treiben,
Wenig wirklich Gemeinsames ist erkennbar –
Höflich, doch mit echter Trauer sag' ich adieu,
und weiß, den weiteren Weg muß ich alleine gehen.

Picknick am Fluß

Ein blitzblauer Sonntag Ende Juni,
das halbe Jahr ist schon vorüber –
Mit dem Fahrrad durch die freundlich-leere Stadt
zum Museum, zum Jazz am Sonntagmorgen –
Summertime: Jahreszeit und auch Programm,
Kultur für alle, kostenlos –
In dichten Reihen sitzen die Menschen auf gelben Bänken,
stehen, eng zusammen, mit dem Rücken zum Museum,
hören Jazz, der heute, frei und improvisierend,
glattem Musikverstand viel abverlangt –
Nach einer Stunde ist das Ohr gesättigt,
die Fahrt geht weiter, über die große Brücke,
am Ufer des Flusses entlang,
zuerst noch unter Platanen, dann den Weg hinunter,
dichter an den Fluß, in begrünte, blumenreiche Uferzone,
deren Name »Nizza« heute wohl passen will –
Die Sonne, die im Fluß die wildesten Kringel malt,
sie strahlt die Hochhäuserkulisse metallen an,
zwischen den Kolossen ruht, fast klein, der rotbraune Dom –
Auf dem Weg passieren die Radler und die Läufer,
die Bummler und Flaneure –
Kinder und junge Hunde tollen herum –
Die Wiesen gesprenkelt von Sonnenhungrigen –
Ein Platz ist bald gefunden, direkt am Wasser –
Die Black-box, Picknickkorb, neu und ein Geschenk,
steht fest auf geschorenem Gras –
Der Inhalt ist köstlich und gekühlt,
und schmeckt, leider, fast zu gut –
Mit vollem Behagen der Sonne nun zu,
das Buch parat zum Schmökern –
Doch Freunde kommen gemütlich des Wegs,
ein Schwätzchen, friedvoll plätschernd –
Als sie weitergehen,
bleibt das Buch trotzdem liegen,
es ist so schön, auf den Fluß zu sehen,
die Boote ziehen vorüber, mal leise und mal laut –
Der Fluß hat Sonntag,

die großen Lastkähne ruhen in den Häfen,
nur die weißen Ausflugsschiffe schwimmen gemächlich,
ohne Hast, zur Gerbermühle, die Goethe schon besang,
zum Rhein oder auch nur den Main entlang –
Es ist so friedlich, außen und im Innern –
Ich werde ganz ruhig, mein Atem geht ruhig ein und aus –
Der Körper ist warm, die Wärme breitet sich aus –
Ich bin ruhig, gelöst und ganz entspannt –
Ich sinke tiefer in das Gras, in die weiche Decke –
Ich spüre, wie bunte Träume sanft sich nähern –

Sommerzeit mit Stadtteilfesten

Schloßfest in Höchst mit seiner Altstadt,
die durch Bürgerinitiative restauriert –
Die kleinen Häuser, nostalgisch, liebevoll renoviert,
zu ebener Erde die Eingangstür mit bronzenem Klopfer –
Enge, gewundene Gasse zum Marktplatz hin,
den Häusern gegenüber die Mauer,
die den Burggraben mit abstützt –
heute, beim Fest, reiht sich Bude an Bude,
Vereine werben mit Wein und Wurst,
Käse, Kuchen, Torten,
eine Schlemmergasse, durch die Menschenmassen sich schieben –
Straßenmusiker, manche quälen Wohllaut aus Blechinstrumenten –
Gardemädchen, kurzberockt,
stampfen pfeifend Frohsinn auf das Pflaster –
Der Marktplatz, muschelrund,
schöne Kulisse, das Schloß,
barocke Haube auf schlankem Turm –
Dort war nach dem Krieg die amerikanische Radiostation,
heute ist es Museum in schönstem Rahmen –
Im Schloßgraben Jazzkonzerte,
das wuchernde Grün ist Bühnenkulisse –
Alte Leute sitzen auf den Bänken dort –
Wartend auf was?
Zeit totschlagend?

Ich setz' mich dazu –
Bin ruhig und entspannt –
Laß die Bilder am inneren Auge vorüberziehen –
Mein Atem wird ruhig – ruhig fließt er ein und aus –
Ich bin ganz ruhig, gelöst, entspannt.
Genieß' den Sommermittagsfrieden –

Nidda und Main, sie verbinden sich in Höchst
und fließen weiter dann als Strom –
Die Fähre führt zum Ufer drüben,
wo das Land sich offen und weit dehnt –
Ich geh' zurück in die Altstadt –
Die Justinuskirche ist nun mein Ziel –
Draußen Straßenfestzauber,
drinnen Orgelklänge –
Das Kasperltheater vor der Kirche
bannt fernsehgewohnte Kinder –
Das karolingische Gotteshaus, gotisch ergänzt
durch Antonitermönche, die es eigentlich abreißen wollten,
doch fehlte ihnen, uns zum Glück, das Geld –
So blieb's erhalten, das Kleinond, das nicht nur Profis entzückt –
Karolingische Kapitelle, reich geschnitzt in grauem Stein,
tragen byzantinische Bögen –
Neue Kandelaber nach altem Vorbild,
ihr blinkendes Messing bannt hypnotisierend fast Besucheraugen –
Die Orgelmusik malt ihre Klänge mir ins Ohr –
Ich spüre, wie Ruhe mich erfüllt –
Mein Atem ist ganz ruhig –
ruhig fließt er ein und aus –
Ich bin ganz ruhig und entspannt
und träum ein wenig weiter –

Sonntag im Juni

Das Auge wird vom Hell begrüßt
nach Tagen unbeständigen Wetters,
das feucht und diesig, ohne Sonne,

auf die Stimmung drückte –
Doch jetzt weckt das Strahlen alle Lebensgeister –
Der Plan, zu wandern und ein Picknick zu machen,
ist schnell gefaßt –
Der Kühlschrank wird geplündert,
vieles gemischt, phantasievoll zusammengestellt,
die Kühlbox gefüllt,
die Sektflasche nicht vergessen –
Das Treffen mit den Frauen ist voller Lachen,
und so wird die Route ausgedacht –
Die Fahrt in den menschenleeren Hintertaunus,
bei offenem Schiebedach,
läßt die Haare wehen –
Die Wanderung beginnt im kleinen Dorf
und dauert ein paar Stunden –
Landschaft wie aus dem Bilderbuch –
Felder, Wiesen, Wälder,
Teich mit rotweißen Seerosen,
Akanthuspflanzen, riesig hoch,
die blühenden weißen Dolden
größer als ein Kinderkopf,
einige noch versteckt in weißen Hüllen,
wie Babys in der Fruchtblase –
Lerchen hoch überm Feld,
die kleinen Kehlen geben alles her,
es trillert ohne Unterlaß –
Holunderbüsche, haushoch blühend,
schicken süßen Duft in Wellen überm Weg –
Nach der Wärme auf dem offenen Feld
wirkt der Wald aufs Angenehmste kühl –
Rast am winzig kleinen Teich,
der vor dem Waldrand liegt –
Lupinen, von tiefstem Blau,
unterbrechen das viele Grün –
Die Seele wird ruhig,
der Geist ganz klar –
Gespräche versickern in genießerischer Ruhe –
Nach dem langen Weg herrscht Freude über das Picknick,
zufriedenes Sattsein –

Alle liegen faul im Gras
im Schatten einer großen Eiche,
davor ein Panorama, wie gemalt mit genialem Pinselstrich –
Die Augen werden schwer und müde –
Der Atem schwingt in Ruhe auf und ab –
Die Glieder werden immer schwerer –
Die Sonne wärmt den ganzen Körper,
die Wärme dringt durch alle Poren ein –
Ruhe, tiefste Ruhe durchströmt Körper, Geist und Seele –
Kraft und Ruhe speichern sich –
Es ist wie ein Tanken kostenloser Energie,
die nie zu Ende geht.

Fernsehturm

Direkt vor meinem großen Fenster
ragt hoch in den Himmel der Turm,
schlank fast wie ein Minarett –
Das Restaurant mit vielen Fenstern,
wie der Umgang des Muezzin im Orient –
Selten mal von dort ein Licht, ganz weiß,
im Gegensatz zu der Kette roter Lichter,
die zweimal um den Turm geschlungen,
wie um den Hals einer Frau
das Band aus Rubinen –
Ganz oben, in der Höhe von mehr als 300 Metern,
noch mal ein rotes Licht,
in der Dunkelheit funkelnd wie ein Zauberstein im Märchen –
Scheinwerfer drehen sich zur Nachtzeit –
Durch Nebel fällt ihr Licht wie riesige Arme,
die Flugzeugen den Weg wohl weisen –
Manches Mal, wenn Gewitter wüten,
hängen sich die Blitze an die Spitze des Turms,
der dann durchglüht ist, als sei er aus Glas,
hinter ihm brennen Feuer, produzieren Höllenbilder –
Ich würd' ihn missen, diesen bizarren Turm der Technik,
er ist auf seine Art sehr schön.

Abschied von Freunden

An einem Sonntag, Mitte Juni,
treffen sich viele Freunde im Park
inmitten der großen Stadt –
Die Kleinsten in der Runde
purzeln putzmunter barfuß über die Wiese,
wo alle sich zum Abschiedsessen lagern –
Der Sekt gekühlt, der Saft, die Speisen
ausgebreitet auf der Leinendecke,
die selber bunt wie eine Sommerwiese ist –
Die Bäume bieten Schatten an,
die Wiese liegt in hellster Mittagssonne –
Die Stimmung ist fröhlich,
doch einige Wermutstropfen schimmern durch –
Es ist ein Abschied, der uns droht,
von liebsten Freunden mit ihrem ersten Kind –
Sie wagen den Absprung, den Ausstieg
aus Beruf und Leben in dieser Stadt,
aus diesem Land, von dem sie nicht mehr viel erhoffen –
Sie ziehen um in ein Sonnenland,
eine Insel der Kanaren,
vom Tourismus noch nicht erschlagen –
Haben Haus und Hof gekauft,
erhoffen neue Existenz und Leben,
eingebunden in die Natur,
die üppig und verschwenderisch sich dort noch gibt –
Wir wünschen ihnen viel Glück
und auch Erfolg, der ihnen Brot und Wein bescheren soll –
Ist es ein Abschied, ein Adieu für immer?

Der See in Holstein

Davon habe ich immer schon geträumt,
ein Haus, der Garten direkt am See –
Schwimmen, schon vor dem Frühstück,
in der Nacht, zu jeder Zeit –

Der Liegestuhl im Gras am Ufer,
der See wie ein flacher, glänzender Teller vor mir –
Alte Erlen, tiefhängende Weiden, Schilf und hohe Gräser
umhäkeln das Ufer –
Die Enten im Flug über dem See,
ihr Anflug aufs Wasser mit viel Getöse –
Möwen schreien, jammern, schimpfen –
Eine Schwanenfamilie mit sieben grauen Jungen
schnürt in einer Reihe vorüber –
Segelboote gleiten geräuschlos durchs Wasser –
Über allem liegt eine große Ruhe,
selten einmal menschliche Stimmen –
Nur die Laute der Wasservögel –
Am Horizont niedrige Hügel,
kleine, dunkle Umrandungen, Bäume, Büsche –
Wenn Dunst über allem wie ein Schleier hängt,
vermischen sich dort die Grautöne –
Der See hat viele Gesichter,
die Stimmung, der Eindruck wechseln fast stündlich –
Morgens, wenn Nebel und Tau Verhüllungen sind,
wirkt alles ein wenig geheimnisvoll –
Ich warte dann auf den Seegott mit Dreizack
oder auf Nixen mit grünen Algenschleiern,
oder warte ich auf ein Geheimnis, das nur ich lüften kann?

Schwimmen im See, ich kämpfe manches Mal mit Angst,
wenn von unten mich die Algen streifen,
ist es, als greife ein Geist nach mir,
um mich ins Dunkle zu ziehen –
Ich will jedoch nicht in die Tiefe gleiten,
ich bleibe, trotzig fast, im Licht –
Liege später dann im kurzgeschorenen, pelzigen Gras,
weich wie eine Decke unter mir –
Ich fühl' meinen Körper, meinen Atem –
Er geht ruhig ein und aus – ein und aus –
Ich spüre eine große Ruhe, die meinen Körper durchströmt –
Diese Ruhe spür' ich in Geist und Seele –
Die Ruhe, nach einer kleinen Weile, bin ich.

Altes Gut in Holstein

Langer Weg in der Früh um den ganzen See herum –
Felder, Wiesen, Weiden, Pappelalleen,
weiße Zäune um die Koppeln, auf denen Pferde genußvoll grasen –
Die Bäume der Alleen alt, knorrig, hoch,
ausladend die Äste,
als ob sie ihren Gruß dem Schloß entbieten,
das in seiner hellen Breite vor mir liegt,
umsäumt von rotglühendem Rhododendron –
Zu beiden Seiten reetgedeckte Scheunen, Pferdeställe,
der Rasen smaragdgrün, Ergebnis generationenlanger Pflege –
Am See ein kleiner Holzsteg, fast versteckt,
Abdrücke vieler Pferdehufe bis hinunter zum Wasser –
Bleßhühner schrillen im Schilf,
es ist, als wäre die Zeit hier stehengeblieben –
Ich liege auf den Planken des Stegs,
fühle die Wärme des Holzes an meinem Rücken, im ganzen Körper,
Die Sonne wärmt mich von oben –
Ich genieße meinen Atem, der ganz ruhig fließt –
Ich fühl' ihn ein- und ausströmen, im steten Wechsel –
Er vermittelt Ruhe, Ruhe, Ruhe –
ich bin ruhig, ganz gelöst, entspannt,
und überlaß' mich meinen Träumen.

Holsteinische Schweiz

Landschaft, die mir die Haut sanft streichelt –
Harmonie, Ruhe, fast zuviel an Gleichmaß –
Keine Höhen, keine Tiefen, kein Abgrund: wohltemperiert –
Es fehlen mir die Widersprüche –
Klare Linien hier und dort,
ganz unverschnörkelt –
Kultiviert, verhaltener Charme,
etwas unterkühlt?
Mir fehlen Berge, schroffe Kanten und Ecken,
spielerische Dörfer, barocke Städte –

Ich bin wohl mehr ein Mensch des Südens –
Überschwang, glänzende Schönheit, Gegensätze
ziehen meine Seele an –
Ich spüre, ich brauche das Auf und Ab auch in der Natur, der Kunst –
Ständiger Wechsel?
Wechsel in der Beständigkeit, Widerspruch?
Lebensprinzip!

Dorfkirche

Eine lange Fahrt auf dem Rad,
mal Wäldchen, mal Felder oder Koppeln,
die am See dort liegen –
und immer wieder kleine Weiher am Weg –
Hohes Schilfgras verdeckt zum Teil die Sicht –
Möwen kreisen in großen Bögen ewig hungrig schreiend,
oder ist es Freude?
Idylle im steten Wechsel –
Dann endlich erste Rast am großen See –
Alt und recht behäbig liegt das Dorf in der Mittagssonne,
es läßt die Zeit ganz ungerührt an sich vorüberziehen –
Das Gestern gilt soviel wie das Heute und das Morgen –
Durch einen bäuerlichen Hof hindurch, steh' ich vor der Kirche,
in sparsamem Barock gebaut –
Sie liegt inmitten eines Blumengartens,
dem Friedhof, der heiter fast im Mittagslicht,
mehr wie blühender Hausgarten scheint.
Das rundliche, strahlendweiße Kirchlein ist auch innen licht,
hell und freundlich bietet es Rast und Ruh' –
Es prunkt mit keiner Pracht und Größe,
wenig Schmuckstücke sind seine Zier,
die bäuerliche Kunst,
ist Ausdruck echter Frömmigkeit und tiefen Glaubens –
Später sitze ich auf einer Bank mit Blick zum See –
Die Sonne wärmt mir Körper, Geist und Seele.
Ich atme tief durch und freu' mich meines Lebens –
Ich bin ganz ruhig, ganz wie mein Atem,

der ruhig ein und aus nun fließt,
ein und aus, und alle Spannung löst –
Ich bin ganz ruhig und entspannt,
ich fühl' mich wohl in meiner Haut.

Winterurlaub in Gomera

Steine am Meer –
Ufer voll schwarzer, roter, grauer Steine –
Reste des Vulkans, Asche, gehärtete Zeugen des Ausbruchs,
seit Millionen von Jahren liegen sie schon –
Wasser bricht sich an ihnen –
Wellen, manchmal riesig aufgetürmt,
türkis, mit weißen Kronen,
machen angst –
Ihr glänzender Kamm kippt mit donnerndem Gebrüll –
Wieviel verschleuderte Energie,
Ein winziges Wenig würde genügen
als Lebenskraft –
Welch Überfluß, welche Verschwendung –
Könnte man doch dieses Gut gerecht verteilen!
Die Steine grummeln, rollen unterm Ansturm,
sie schleifen sich ab, sie werden rund,
bieten wenig Widerstand,
doch beugen tun sie sich nicht –
Sie halten dem Angriff der Wellen stand,
die Flut wird's versuchen, immerzu –
Doch sie bleiben, was sie sind, stark und unverletzlich.

Gomera – La Playa

Einstmals nur eine Handvoll Hütten am Meer –
moderne Zeit verlangt nach anderem –
Touristen, lange wenig uniform,
Außenseiter oft in ihrer Welt,

jenseits des Meeres –
Doch mit den Jahren auch hier immer zahlreicher,
und aus allen Schichten –
Neue Bauten, häßlich und hoch,
verschandeln, was an Schönheit war –
Der Strand, schwarze Lavaasche, voller Menschen, viele Kinder –
Die kleine Taverna, unmittelbar am Strand –
Maria, sie scheint unverändert souverän –
Auf diesem Platz, jeden Tag zur gleichen Stunde,
sitzen alle wie die Hühner auf der Stange
und sehen dem Sonnenuntergang zu –
Die Sonne gleitet zeitlupenhaft hinter die ferne Insel Hierro,
danach noch lange ein Farbenspiel am Himmel,
jeden Tag ein neues Kaleidoskop,
himmlische Inszenierung –
Danach wird's dunkel, kalt, und alle strömen heim –
Viele wandern bergaufwärts, Calera zu,
dem Ort, der heute, mehr denn je, den Touristen dient –
Der Weg durch Palmenhaine,
karges Rinnsal plätschert dazu,
unterwegs die kleine Kneipe,
von jenen, die vor Jahren hier hängenblieben –
Oben am Berg, an dem die Häuser kleben,
Terrassen mit herrlichem Blick –
Ich kann's verstehen, daß so viele immer wiederkommen
und andere ihre Abreise überdenken –
Doch ich wag' es mir nicht auszudenken,
wie es in ein paar Jahren aussieht hier.
Schon heute wird das Wasser knapp,
der Abfall türmt sich, die Häuser wuchern.
Wie schnell kann die Schönheit dieser Insel
von dunklen Flecken gänzlich überdeckt werden.

Olivenbaum

Knorriger, alter Olivenbaum
mit fast versteinerter Rinde und silbrig-grünen Blättern
auf meist historischem Grund,

wirst bald der letzte sein,
dessen Anblick uns anrührt –
Menschen züchten neue Bäume,
ausgerichtet in Reih und Glied,
wie Spalierobst an Stangen,
Maschinen zwischen den Reihen
ernten die Früchte –
Plantagen, ganz auf Gewinn geplant
genormt, geprüft und kontrolliert,
in langweilender Symmetrie –
die neuen Bäume, sie regen keine Phantasie mehr an,
keine Gestalten, Formen sind mehr zu ahnen –
Die Bäume, die Jahrhunderte überlebten
und Jahr für Jahr ihre Früchte abwarfen,
dem Menschen zum großen Nutzen,
mythische Ölbäume, sie sterben aus,
wieder wird die Erde, unser Leben, ein Stück ärmer.

Fahrt übers Land

Erst seit jüngster Zeit ist eine Fahrt übers Land
in Gomera möglich –
Straßen in den Berg operiert –
Erikasträucher, ungewohnt ihre Größe,
Moosbärte hängen lang herunter,
uralte Lorbeerbäume –
Nebel oben auf der Höhe fast immer,
Nässe hier, der Passat fegt drüber –
Kurven um Kurven, in den Bergen wenig Sicht,
die Schluchten grün, Palmen, Orangen und Zitronen,
Knospe, Blüte und Frucht zugleich am Baum –
Wenige Orte gibt es hier,
die Märkte karg im Angebot –
Tomaten, klein und wenig verlockend im Aussehen,
doch im Aroma ganz unvergleichlich,
genau wie die Bananen, die kümmerlich erscheinen,
doch schmecken sie phantastisch –
Die Felder, vor Jahrhunderten angelegt unter größter Mühe,

Terrasse über Terrasse, dem Berg abgerungen,
manche liegen heute brach, verwaist sind viele kleine Hütten,
deren Bewohner vor der Not nach Südamerika geflohen –
Schon um die Jahrhundertwende fuhren viele weg,
und heute geben die Jungen ihre karge Selbständigkeit auf
und dienen im Tourismus auf den Nachbarinseln –
Wasser, trotz des vielen Regens oben auf den Höhen,
wird knapp, schon allzu tief muß man danach graben,
Touristen verschwenden mit Duschen, WC das unersetzliche Naß,
die Schäden sind nicht zu übersehen.
Traumhafte Insel, wohin führt dein Weg?

Stern in der Winternacht in Gomera

Stern, du da oben im Nachtblau –
Venus, Schutzgöttin aller Liebenden –
dein Licht blinzelt mir höhnisch zu, so will's mir scheinen,
fast kalt dein Strahlen, mich nicht wärmend –
Dein Licht ist nur geborgt –
Meine Haut ist dünn, mein Schutzkleid sehr verletzlich,
gleich einem Spinnenweb,
ich bin darin gefangen –
Ausbrechen zerstörte das feine Gespinst,
die Fäden blieben hängen –
Erinnerungen, Lichtstrahlen gleich,
leuchten auf und verblassen –
Was dauert ewig?
Doch nur der Stern da droben –
Ich geh' zurück ins Haus,
einen letzten Blick noch in das Dunkel werfend –
Das Meer springt wieder über die Steine,
sie rollen und stoßen sich die ganze Nacht –
Nachtmusik – ich fühl' mich wohl –
Ich lieg' im Bett, gelöst, entspannt –
Ich bin ganz ruhig und atme tief die klare Luft,
die durch das offene Fenster strömt –
Der Atem geschieht – »Es atmet mich« –
Ich spür' schon, wie die Gedanken schlafen gehen.

Fahrt zur dalmatinischen Insel

Mit dem Bus zum neuen Hafen der alten Stadt –
dort angekommen, suche ich das kleine Boot,
das mich zur Insel bringt –
Es ist winzig, offen das Dach,
die Holzbänke gewärmt von der ständig scheinenden Sonne –
Nur wenige Menschen steigen ein –
Wir gleiten an großen Booten und Schiffen vorbei,
deren Wellen wir kreuzen –
Noch breitet der Hafen seine schützenden Arme um uns,
es ist windstill und heiß –
Langsam verlassen wir das Halbrund,
und es geht dem offenen Meer zu –
Nicht ganz, denn auf der rechten Seite ist das Ufer nicht allzu fern –
darüber Berge, schwarz, zerstört der Wald –
Fast jeden Sommer die gleiche Katastrophe,
jahrhundertealte Wälder verbrannt zu Asche in ein paar Stunden,
oft ist es Unachtsamkeit, manchmal Vorsatz,
Glasscherben, Brennglas für die Sonne,
oder weggeworfene Zigarettenkippen –
Unachtsamkeit – Gedankenlosigkeit –
Schäden, die kaum mehr zu reparieren sind, trotz aller Mühen –
Der Karst rückt immer näher dem Wasser zu,
die Erosion ist folgenschwer –
Ich lasse meine Hand ins Wasser hängen,
es ist warm und malt mir Bilder auf die Haut –
Die Insel rückt näher –
Ein Dorf, am Ufer warten Menschen mit großen Körben, Kisten,
Wir fahren weiter, dem nächsten Hafen zu –
Dort steig' ich aus, den Rucksack auf der Schulter –
Proviant, Buch und Badetuch, Sommerrequisiten –
Ich lauf' das Rund des Strandes, am Ende nur ein Hotel –
Es wirkt zur Mittagsstunde wie ausgestorben,
alle Fenster sind verschlossen –
Mein Weg führt weiter auf schmalem Pfad hoch über dem Meer –
Ringsherum fast betäubend der Duft blühender Sträucher –
Zikaden ruhen selbst zur Mittagszeit nicht aus,
Gezirpe und Gezwitscher von überall,

Geräusche, die dem Großstadtohr ganz ungewohnt –
Abstieg steil zum Ufer, weiter noch nach Besserem suchend,
doch endlich habe ich den Platz gefunden,
der mir für Stunden gut gefällt,
bis das Boot mich wieder abholt –
Schwimmen, nackt, ist ein Genuß,
ich mag das Wasser kaum verlassen, es ist so klar,
auch ohne Taucherbrille kann bis zum Grund ich sehen –
Danach liege ich angenehm müde auf meinem Tuch,
das Buch neben mir, vorerst noch viel zu faul zum Lesen –
Ich fühl' mich warm und schwer auf dem Boden –
Ich spüre, wie mein Atem sich langsam wieder ganz beruhigt,
er ist ruhig nun und gleich im Maß,
Ein und Aus ist ein stetes Fließen, Strömen –
Ich bin ruhig, gelöst, entspannt –
Ich fühle, wie die Ruhe alle Gedanken vertreibt –
Der Kopf wird leicht und leer –
Der Körper ist schwer und warm –
Ich fühl' mich wie eine Katze, die in der Sonne schnurrt –
Ich merke, wie langsam sanfte Träume kommen –
Meine Seele scheint aus Samt und Seide.

Hotel in Dubrovnik

Ich sitze auf meinem winzigkleinen Balkon,
wie in einem Vogelnest hoch überm Meer
allein und guter Dinge –
Der Abend nähert sich langsam –
Die Sonne geht über der Stadt unter –
Hinter dem Kirchturm versinkt sie in Zeitlupe –
Ihr Rot läßt auf den nächsten schönen Tag mich hoffen –
Die Mauern der Häuser scheinen von innen heraus zu glühen von ihrem
    Licht,
das recht verschwenderisch sie ausschüttet –
Die Stadtmauer, nach langen Jahren in alter Form wieder hergestellt,
verläuft in sanft schwingenden Bögen bis zum Hafen –
Der Sonnenuntergang in dieser mittelalterlichen Stadt

gleicht einer Theaterinszenierung –
Jeden Abend meiner Ferien
sitz' ich in meiner Loge
und seh' dem Schauspiel zu,
in rechtem Urlaubsbehagen –
Gegenüber liegt die Insel, auf deren Höhe ein Kastell versteckt
in dicken Büschen, hinter großen Bäumen –
Am Tage fahren Boote ohne Unterlaß,
laden Mengen von Touristen aus,
die nach dem Schwimmen im glasklaren Meer am nackten Felsen
    kleben,
um sich Bräune schmerzhaft zu erzwingen –
Oft täuschen sie Gesundheit damit vor,
Erfolg im Urlaub wird zum Zwang –
Ich hab' hier viel zu sehen, auch Ungereimtes und Banales –
Die Zeit wird nicht lang, die Stunden verfliegen –
Meine Ruhe, vom Tag her noch gespeichert,
sie ist zum Schlafengehen und zum Träumen
unerschöpfliche Quelle.

Ikebana im Museum

Japan in Frankfurt –
Wie geht das?
Sonntagnachmittag im Museum für Kunsthandwerk
Ikebana aus drei japanischen Schulen –
Demonstration vom klassischen Blumenstellen
bis zur freien Form von heute –
Ikebana – ein meditativer Weg im Zen,
eine Möglichkeit, die Natur vollendet darzustellen
in Gefäßen mannigfaltiger Art –
Hohe Vasen, flache Schalen, Körbe,
Blüten, Äste, Zweige, Schilfgras,
die Möglichkeiten sind unerschöpflich –
Einmal streng, das andere Mal verspielt
in Form und Farben,
doch immer sehr ästhetisch anzuschaun –

Nur eine Blüte im Zentrum –
Konzentration und Spannung –
Hohe, schlanke Gräser als Ausgleich zu der Strenge –
Spannung – Entspannung
auch in der Blumenlandschaft –
Jedes einzelne Naturmaterial erfährt seine Beachtung,
ohne Ablenkung –
Das Außen bleibt draußen,
die Sicht geht nach innen –
Ruhe, Meditation, Entspannung und Erholung
vom Alltagsstreß –
Ein Innenbild, gestaltet mit Hilfe der Natur,
wird zum Außenbild im Hier und Jetzt.

Novemberschnee

Das Mädchen, es träumte,
es gäbe ihn, einen Mann,
männlich, mit Ecken und Kanten,
rauh und noch ungeschliffen,
bärenzärtlich, katerschnurrend –
Sichernd, seine Flügel schützend,
Distanz haltend,
und auch stets bereit zur Flucht vor zuviel Nähe,
zuviel Liebe, allzuviel Liebe,
die verzehrend und saugend,
das Ich auffrißt –
Doch Träume werden selten zur Wirklichkeit
und die ist selten träumerisch.

Liebesbriefe

In all den Liebesbriefen,
die man mit klopfendem Herzen schrieb,
noch erwärmt von der Erinnerung an sie, an ihn,

verdeckten oftmals rosarote Worte dunkle Schatten –
Doch die Worte waren echt, solange die Tinte noch nicht trocken –
Es waren Bilder, Zeichnungen von der Beziehung,
die viele Facetten hat,
Worte, in kräftigen Farben gemalt aufs Blatt
mit dem Pinsel, dem Stift voller Schwung und Freude –
Die Post, die den Brief auf seine Reise nahm,
war viel zu langsam –
Er sollte zur gleichen Zeit ankommen, in der er gestaltet wurde –
Schwüre ewiger Liebe, mit der Angst im Herzen, dem Zweifel,
ob das Eis nicht zu dünn, auf dem sich beide bewegen –
Ist Liebe Selbsttäuschung?
Ist die Brille, durch die wir sehen, immer so beschlagen?
Ein Trost kann sein,
daß alle in der Welt der Polaritäten leben –
Zur Liebe gehört der Haß –
Zur Wärme die Kälte –
Zur Freude das Leid –
Zum Jauchzen das Schreien –
Zum Weiß das Schwarz –
Zur Hoffnung der Zweifel.

Angst

Die Angst sitzt tief verankert in vieler Menschen Seele –
Es ist, als ob mit Widerhaken sie dort sich hält –
Versuche, sie herauszureißen,
bringen nichts als Schmerz –
Die Angst, wird sie neu erlebt,
kriecht rauf bis in den Kopf,
umklammert fest den Schädel,
windet sich bohrend ins Herz,
sie dröhnt, sie hämmert, sie raubt den Atem –
Oft ist sie irreal, sie kommt aus Tiefen – Untiefen der Kinderzeit –
Sie lauert immer wieder, stets auf dem Sprung,
den Menschen zu überfallen,
der sich ängstigt vor dem Verlassenwerden, dem Liebesverlust –

Irgendwann und irgendwo sind erste Wunden tief geschlagen,
die trotz vieler Mühen nicht recht heilen wollen –
Die eigne Angst, wie oft macht sie dem anderen angst,
der sie nicht versteht –
Sie läßt Vertrauen nicht entstehen, Geborgenheit und Gelassenheit –
Ach, Leben ist wirklich nicht leicht.

Zusammentreffen

Sich sehen, ganz plötzlich in der Stadt,
inmitten vieler fremder Menschen –
Man war vom Nahebeieinander des Tages zuvor noch ganz berührt,
saß mit zärtlichen Gefühlen wie eine Raupe im Kokon,
umhüllt von Glück und Zärtlichkeit –
Das Gespräch im Café war seltsam – es schuf eine Trennung,
baute kleine Mauern –
Die Distanz machte hilflos, traurig –
Die Antennen nahmen falsche Wellen auf –
Sie schienen von meilenweiten Fernen herzukommen –
Worte schufen keine Nähe,
die die Körper sich bauten –
Klüfte wurden sichtbar, wenig Spurengleichheit –
Das Einssein durch den Eros ist eng begrenzt, in Zeit sowie im Raum –
Die Wärme ist schnell verwandelt in Eis,
das auf der Seele schmerzt –
Übrig blieb ein wenig Hoffnung,
daß im Nahebeieinander,
wenn auch nur für kurze Zeit,
die blaue Blume wieder blühen kann –
Die Einsamkeit zu zweit ist schrecklich –
Liebe scheint so kraftlos, unwirklich, weit entfernt,
wenn sie die Fremdheit, Distanz nicht auflösen kann –
Mehr Mut und Unabhängigkeit ist dann zu wünschen,
das Leben, das Glück auch allein zu leben –
Glück zu zweit scheint ein flüchtiges Element.

Haut

Haut so warm und weich an den Lippen –
Sie ist zu fühlen, zu schmecken,
die Nase drückt sich in ihren Geruch –
Haut, sie wärmt nicht nur den eignen Körper,
der manchmal Schutz und manchmal Mauer ist –
Haut, sie macht hungrig, sättigt nur für ein paar Stunden –
Sehnsucht nährt sich aus Mangel,
Sehnsucht nach Liebe, die nie enden soll –
Ein Wunsch wie aus den Kindermärchen –
Jeder sucht Nähe, der eine mehr, der andere lieber von weitem,
warme Nähe, die sich unter die Haut nisten will –
Doch solche Wünsche machen manchem angst.

Abschied

Jeden Morgen beim Aufwachen
der erste Gedanke: es ist vorbei –
Unwirklich, kann doch gar nicht sein,
so viele Jahre gemeinsamen Lebens, Liebe –
Getrennt mit einem Schnitt, kurz und scharf –
kein einziges Band sollte übrigbleiben –
Hoffnungen, Illusionen waren ausgeträumt –
Die Wirklichkeit, sie war kein erfreulicher Anblick –
Offene Verletzungen sind selten schön,
Operationen werden oft nötig,
wenn Wunden heilen sollen, Leiden enden wollen –
Träume von Gemeinsamkeiten sind manchmal nur Projektion,
sind kein guter Boden, auf dem Partnerschaft gedeihen kann –
Der Alltag, in seiner banalen Wiederholung,
schafft Klüfte, über die es nur schwankende Brücken gibt –
Nicht mit Märchenwesen teilen wir unser Leben,
nicht mit Feen und Prinzen,
Menschenkinder sind's, mal stark, mal schwach
und ganz und gar nicht heldenhaft –
Wo viel Licht ist, gibt's auch viel Schatten,
Prinzip – trivial und unauflösbar –
Kräfte wachsen an den Widerständen, die sie überwinden müssen.

Das Märchen vom Mann mit dem Käfig

Es lebte einmal ein Mann mit grauem Bart und weißem Hemd, und er lebte in einem Käfig mit glänzenden, nicht allzuengen Stäben. Er verließ den Käfig nur, wenn er seinen Alltagsgeschäften nachgehen mußte. Danach flüchtete er wieder zurück hinter das Gitter.

Der Mann litt unter einer seltsamen Krankheit, die er niemanden zeigen und die er von niemandem heilen lassen wollte; sein Herz und seine Seele waren seit Jahren wie versteinert, und sein Geist konnte selten noch auf den Flügeln der Phantasie frei fliegen. Er hatte aufgehört, sich richtig zu freuen, neugierig zu sein auf das bunte Leben. Er hatte aufgehört, zu lieben, zu glauben und zu hoffen. Seine Seele war meist verdüstert. Er war traurig, sehr traurig, wie es schien oft ohne Grund. Er versank in eine unendliche Traurigkeit, und niemand, niemand konnte ihm helfen.

Nun hatte der Mann neben seinem eigenen Käfig noch einen kleineren stehen, dessen Stäbe enger waren. Darin sollte sich ein Vogel fangen, den er sich für eine Weile zum Gefährten wünschte. Er erhoffte sich davon, daß das seine Düsternis ein wenig erhellte. Er wollte sich an der Gesellschaft und dem Gesang des Vogels erfreuen.

Eines Tages, er hatte eigentlich gar nicht damit gerechnet, verfing sich ein buntschillernder Vogel darin. Nach kurzem Erschrecken schien sich der Vogel in sein Schicksal ergeben zu haben und nach einer Weile sich sogar richtig wohl zu fühlen. Er zwitscherte und sang unentwegt. Es waren ungewohnte Töne für den Mann. Solche hatte er noch nie gehört. Aber nach einiger Zeit gefielen sie ihm gut, und er glaubte, den Singsang, die Sprache des Vogels zu verstehen. Aber er verstand nur die Worte, nicht jedoch, was sie bedeuteten. Das bedrückte ihn, denn er wollte den Vogel auch mit dem Ohr seiner Seele hören. Mittlerweile hatte er den buntschillernden Vogel sehr gern.

Öfter versuchte er, ihn auf seine Hand zu nehmen. Manchmal erschrak dann der Vogel, ein anderes Mal schmiegte er sich glücklich hinein. Der Mann wußte selten, was der Vogel eigentlich wirklich wollte.

Trotz allem schienen beide für eine Weile recht glücklich zu sein. Die Menschen draußen konnten weder den Mann richtig verstehen noch den Vogel. Es blieb ihnen verschlossen, was beide verband. Einige bedauerten den Vogel.

Und so verging die Zeit.

Dann verließ der Mann für einige Jahre seinen Käfig und fuhr mit einem

weißen Schiff über viele Meere. Da er den Vogel nicht mit auf die lange weite Reise nahm, machte er den Käfig auf, und der Vogel flog in seine alte Welt, die ihm fremd geworden war, zurück. Der Vogel dachte sehnsüchtig an den Mann mit dem grauen Bart und den weißen Haaren. Nie hörte er von ihm, und er war sehr traurig, da er glaubte, der Mann hätte ihn vergessen.
Eines Tages kam der Mann wieder zurück, und da flog der Vogel flugs wieder in den kleinen Käfig hinein. Doch es hatte sich vieles verändert. Der Vogel konnte nicht vergessen und auch nicht verzeihen, daß er so lange allein bleiben mußte. Und der Mann schien noch stiller, sein Herz und seine Seele schienen noch dunkler geworden zu sein. Er machte den Eindruck, als hätte er jede Heimat verloren.
Der Vogel zwitscherte und sang, auch neue Lieder, nicht immer fröhliche. Aber der Mann wollte die neuen Töne nicht hören. Da wurde der Vogel oft zornig, wütend, und er schilpte und schilpte, um gehört zu werden. Ja, er fing an, den Mann zu kratzen. Er versuchte aber auch mit dem Streicheln seiner Flügel, den Mann aus seiner Erstarrung zu holen. Vergebens.
Darüber wurde der Vogel traurig, sehr traurig, und er verlor jede Hoffnung. Er wußte, daß nun die Zeit eines Abschiedes gekommen war. Der Mann würde nie mehr mit dem Vogel singen können und glücklich sein. Seine Seele schien gelähmt. Er wehrte sich nicht gegen das Dunkel. Er kämpfte nicht um sein Glück.
Und so flog der Vogel davon. Er wollte von nun an für sich oder für Menschen singen, die seine Sprache auch mit ihren Seelen hören konnten. Und er wollte nie mehr in einen Käfig fliegen.
Als der Vogel sich im Wegfliegen noch einmal umdrehte, sah er, daß in dem kleinen Käfig ein neuer Vogel saß. Von weitem schien dieser gar nicht so bunt und schillernd zu sein. Ob sein Gesang das Herz des Mannes mit dem grauen Bart und dem weißen Haar endlich wärmen konnte?

Geburtstag

Manche Geburtstage sind wie Wendemarken –
Einige ziehen vorüber wie Schneeflocken, so leicht –
Andere wiegen schwerer, sie haften, sind klebrig,

lassen Gefühle von Wehmut zurück –
Ist etwas vorbei, endgültig abgeschlossen?
Jugend, Begeisterung, Hoffnungen –
Bilder, die andere malten –
Grenzen, die andere steckten –
Wir ordnen neu, rechnen hoch –
Hocken hinter unseren Schanzen –
Die Sicht wird klarer –
Strukturen liegen offen –
Wunden werden vernarben,
wir wissen es jetzt –
Freundschaften, Menschen, die uns begleiten,
und sei es nur ein Stück des Wegs –
Wir halten nicht mehr fest –
Wir lassen los –
Was bleibt, hat Wert.

Blaue Stunde

Sonntagnachmittag –
Die Dämmrung hängt wie ein grauer Vorhang vor den Fenstern –
von weitem hör' ich Kirchenglocken zur Vesper läuten –
Kerzen auf dem Tisch, auf der Kommode,
ein freundliches Hell –
bizarre Schatten der Pflanzen an der Decke,
sie bewegen sich wie Lianen, wie Fangarme, zeitlupenhaft –
leise Musik, so leise, daß sie meine Gedanken nicht stört –
Ich sitz' in der Ecke der gemütlichen Couch,
die Fenster gegenüber wie Augen nach draußen –
Noch bewegen sich viele Gedanken im Kopf,
tiefer sink' ich in die Polster
und fühle, wie die Ruhe langsam steigt,
von den Füßen, die ganz schwer, in die Beine,
die Arme und die Hände, sie sind aufs angenehmste schwer –
Gelöst, entspannt und ruhig sitz' ich da,
der Atem wird ruhig, ruhig geht er ein und aus, ein und aus,
ich muß dazu gar nichts tun –

Er geschieht, ganz ruhig und im Gleichmaß,
»Es atmet mich« –
Ich bin jetzt ruhig und entspannt,
Wärme durchströmt meinen Körper,
wohlig warm ist mir,
vollkommene Ruhe wird nun fühlbar,
sie strömt durch Körper, Geist und Seele –
Gedankenlose Ruhe umhüllt mich wie ein schützender Mantel,
in dem ich ganz geborgen bin,
geborgen durch nichts als meine eigne Ruhe.

Advent

Es ist ein grauer Wintertag,
wenig Schnee liegt in der großen Stadt –
Der Himmel hängt wie eine bleierne Decke über mir –
Die Sonne zaubert zur Mittagsstunde Licht ins Grau –
Meine Schritte knirschen auf verharschtem Schnee –
Ich komm' aus dem Jazzlokal, es war warm dort, die Luft verraucht –
So an die hundert Menschen waren zusammen am dritten Advent –
Sie saßen an Tischen und hörten Musik aus New Orleans –
Die Stimmung war gut, Erinnerungen wurden für viele wach –
die meisten kennen die Band schon seit über zwanzig Jahren –
Ein Stück Leben zieht an mir vorüber –
Was ist alles in dieser Zeit geschehen?
Die Kinder wurden geboren, nun sind sie erwachsen –
Sie lieben andere Musik, nur den Blues, den mögen auch sie –
Namen werden genannt, sie machten Geschichte in der Musik,
sind oft schon Legenden –
Louis Armstrong, Sidney Bechet, Ella Fitzgerald
und noch viele andere schwarze Musiker –
Sie konnten mit ihrer Musik die Rassenschranke ein wenig über-
     springen –
Einige waren geachtet, viele berühmt,
doch nicht immer und überall –
Erinnerungen an den traurigen Tod einer schwarzen Sängerin –
Ich geh' nach Hause, es ist ruhig in den Straßen –

Mittagsruhe – Sonntagsruhe –
Ich gehe zurück in mein gewärmtes Heim,
doch überall draußen herrscht Kälte –
Angst und Furcht bewegt viele von uns –
Weihnachten gleicht immer mehr einer Farce –
Ein Fest der Liebe?
Ein Hohn in einer Welt, die viele ihrer Werte verspielt –
Kinder wissen kaum, auf was sich freuen –
Feiern, warum, wozu,
in einer Welt, in der es für viele keine Chance gibt?
Und doch, vielleicht erinnern sie sich
an den Zauber, die Märchen ihrer Kinderzeit –
Weihnachten war damals noch für sie ein Fest der Freude,
der Erwartung, der Verzauberung –
Die Christuslegende,
hatte es nicht hoffnungsvoll begonnen?
Doch was haben wir daraus gelernt?
Ich bin nicht richtig traurig,
ich habe eher Wut
auf Menschen, die das Sagen haben und die Macht –
Unsere Proteste sind viel zu schwach,
obwohl wir viele Tausende sind –
Was bedeuten schon ein oder tausend Menschenleben,
Millionen Menschenleben,
wenn Macht, Profit gewinnen will –
Gestern sah ich im Fernsehen Kinder, knochendünn,
mit riesiggroßen Augen, fragend, bittend,
ohne Hoffnung –
Ein wenig Reis nur könnte sie wohl retten –
Während wir Lebkuchen und Marzipan in Mengen essen,
das Übergewicht uns nur zur Mäßigung treibt,
mehr Eitelkeit als Einsicht –
Es ist Wahnsinn, was Menschen sich antun.

Ich kehre in Gedanken zu mir zurück –
Ich freu' mich auf die blaue Stunde,
in der ich mit ein paar Menschen, die mich verstehen,
am Feuer sitzen und für eine Weile glauben will,
daß die Welt, meine Welt, noch in Ordnung ist.

Flüchten vor Weihnachten?

Ich will weg,
auf Reisen gehen –
Ist es ein Flüchten?
Ich bin nicht sicher –
Seit die Kinder groß geworden,
ist das Fest bedeutungsleer –
Die Kinder feiern ohne mich, in ihrem Kreis,
sie sollen's tun –
Und doch oft leichte Trauer, daß alles nun so anders,
das neue, eigne Leben nur mit mir allein –
Die Stadt in diesen Tagen ist hektisch, künstlich, grell und laut –
Streß überall –
Menschen hasten mit verkniffenen Gesichtern,
als müßten sie ihre Tränen verbergen –
»Schaut doch, es geht uns gut!
Was schert uns Leid in fernem Land.«
Die Bilder von dort, will da der Braten noch schmecken?
Sekt schäumt in Gläsern,
dort sind Kehlen trocken
von Staub und Hunger –
Tränen bleiben stecken –
Die Frage nach Gerechtigkeit, nach Gott, quälend fast –
Wird jemals Vernunft, Einsicht, Menschlichkeit siegen?

Rückblick auf das vergangene Jahr

Das Jahr galoppierte vorüber –
Manchmal saß ich oben, manchmal fiel ich herunter –
Es fing stürmisch an –
Silvesternacht im Taunus, eisigkalt und windig –
Ich war allein –
Ich stand im Windschatten der steinernen Wächter,
zuerst von Sankt Markus, dann von Sankt Petrus, dem Fels,
vor der Kreuzkapelle auf der kleinen Höhe.
Ich fühlte mich sicher hinter ihren steinernen Mänteln –

Überraschung –
Silvesterfeuerwerk, direkt vor meinen Augen,
von Häusern am Hang, die mir ganz verborgen –
Üppig, prunkvoll,
an nichts war hier gespart –
Wieviel Brot hätte das wohl ergeben?
Doch können wir wirklich lindern,
indem wir auf alles verzichten?

Heimweg nach dem letzten Blitzen –
Im Autoradio Klavierkonzert von Beethoven,
besänftigend und aufwühlend –
Immer wieder diese Ambivalenzen –
Der Rest der Nacht, der Beginn des neuen Tages,
im neuen Jahr, zu Haus allein,
mit Gedanken an die, die ich liebe,
auch an den einen –
Warum sucht er nie die Nähe in solchen Stunden?

Das Jahr ist vorüber –
Oft kamen Zweifel am Sinn –
Warum, immer wieder die Frage nach dem Warum –
Nicht nur Kinderfrage –
Wie wird es weitergehen in dieser Welt,
die ihren Untergang schon längst geplant?
Anstatt Kerzen kommen mir Raketen in den Sinn –
Ein Knopfdruck nur, die Welt verbrennt,
wird zum Inferno, aus dem sie sich nie mehr erholen kann –
Wo ist der Sinn?
Ich frage wütend, ungeduldig –
Das eigne Leid schrumpft zu einem Nichts –
Was bedeutet das bißchen Einsamkeit in manchen Stunden,
das Verletztsein durch den anderen,
dem Mittelpunkt meiner kleinen Welt?
Menschen nur quälen Menschen –
Es triumphiert der Neid, die Mißgunst, der Kommerz –
Macht – Ohnmacht –
Ich will mich freuen auf das Fest, ein Fest der Liebe?
Stille Nacht – Fröhliche Nacht –

Warum schreien nicht alle Menschen auf,
kämpfen gemeinsam um ihre, die einzige Welt,
in der sich's lohnen sollte zu leben? –
Kinder dieser Welt, sie sollten lachen können
mit gefüllten Bäuchen, sich freuen,
daß sie morgen auch noch spielen –
Was bedeutet heute Hoffnung?
Ist es nur ein Wort?

Eben kommt die Sonne hinter dicken, grauen Morgenwolken
    hervor –
Alles scheint silbern, licht und schön –
Ich will hoffen dürfen, glauben, daß es weitergeht –
Ich will meinen kleinen Frieden leben können –
Ich will lieben können, mehr als nur meinen Nächsten.

50. Geburtstag

Ein Tag, der lange schon vorbereitet –
Die Überlegung, Fest oder innere Einkehr? –
Doch lieber Fest, mit Kindern, Freunden,
Weggenossen über lange Zeit –
Die Planung, Ausrichtung erfordert viel Geduld und Mühe –
Der erste Gast noch Freude,
doch bald der Zweifel, warum all dies Geplauder?
Jeder sucht nur den, der ihm bekannt –
Gemeinsame Spiele, wenig gefragt –
Essen am Buffet – viel Lob –
Besinnung, Gedanken über einen langen Weg,
der oft steinig, holprig – Ziel im Nebel –
Nur ich allein?
Inmitten aller Freunde einsam?
Mir fehlt die Freude,
wenig Stolz auf Vollbrachtes –
Doch Vorfreude auf Kommendes –
Wie wird der Weg wohl weitergehen?
Was wird am Wegrand stehen?

Ein wenig Angst, was kommt nachher?
Jugend ist schon Vergangenheit,
die Zukunft bestimmt durchs Alter –
Der weitere Weg, wird er krumm und bucklig sein,
der Spiegel des Ichs Flecken kriegen? –
Doch neues Wissen, Erkennen,
sich seiner selbst endlich sicherer fühlen,
werden gute Wegbegleiter sein –
Wird alte Liebe überdauern?
Wird sie kommende Veränderungen ertragen?
Fragen über Fragen –
Doch eines überwiegt all die Zweifel,
die Freude und die Neugier auf die Zukunft.

Katzenbesuch

Er wird mir angekündigt,
der Besuch des schwarzen Katers,
der der jüngeren Tochter gehört –
Er ist auch mir vertraut seit seinen ersten Lebenswochen,
er weilte öfter schon bei mir zu Haus –
Es ist erstaunlich, wie von Stund an sich der Tag verändert,
durch dieses kleine Lebewesen –
Komm' ich nach Hause, begrüßt er mich voll Freude,
die er ganz ungeniert mir zeigt –
Er kugelt, rollt sich vor Vergnügen
von seinem Rücken auf den Bauch –
Er streckt sich lang und schnurrt unüberhörbar –
Mantel, Tasche, alles fliegt zur Seite,
und er bekommt die erwarteten Streicheleien –
Dann steht er auf, befriedigt, macht einen Buckel,
und schreitet gemächlich,
als wär das alles selbstverständlich und sein Recht,
mit hocherhobenem Haupte zu einem seiner Lieblingsplätze –
Der ihm liebste von allen ist oben auf der Marmorplatte,
die gewärmt von der Heizung,
von da kann er ungemein zufrieden schauen –

Sieht alles, beobachtet genau,
verfolgt mit seinen Katzenaugen all mein Tun –
Die ganze Wohnung ist wie neu belebt –
Er ist nie aufdringlich in seinem Liebesverlangen –
Er gewährt mir seine Gunst, wann immer er dies will –
Auf meinen Schoß springt er nur selten,
tut er's, fühl' ich mich förmlich auserwählt
und wage kaum, mich zu bewegen –
Es ist beruhigend über alle Maßen,
zuzusehen, wenn er sich putzt –
Mit allergrößter Seelenruhe leckt und reinigt er sein Fell,
das glänzt, als wär's mit Öl gerieben –
Er streckt sich, reckt sich,
bewegt die Muskeln butterweich –
Die Grazie seiner Bewegungen ist faszinierend –
Ruhe, sehr viel Ruhe geht von ihm aus –
Liegt er mal auf meinem Schoß, streicheln meine Hände unentwegt –
So werde auch ich ganz ruhig –
Die Hände sind ganz warm, das Fell wirkt wie besänftigender
    Zauber –
Ruhe strömt von ihm zu mir –
Die Katze atmet völlig ruhig –
Ihr kleines Herz pocht unter meiner Hand –
Ich bin ganz ruhig, gelöst, entspannt –
Ich fühl' mich wohl, zusammen mit der Katze –
Versinke in süßestes Nichtstun,
und ohne schlechtes Gewissen genieße ich die faulen Stunden.

Spätherbstspaziergang

Nach neblig-trüben Tagen ein Morgen, leuchtend blau –
Der Himmel ist ganz blankgefegt –
Blätter herbstlich bunt, Palette aller Farben –
rotleuchtend mancher Strauch –
Ein freier Tag, den es zu nutzen gilt –
Mit dem Auto bald heraus aus dem Schatten der Riesenstadt,
öffnen sich schnell Herz und Seele –

Der Atem strömt tief und frei –
Ich fühle Ruhe, große Ruhe,
freu' mich, bin erwartungsfroh –
Die Nase wittert Herbstluft –
Musik im Autoradio – Carmen schmeichelt sich ins Ohr,
Symphonien von Bizet –
Kleines Taunusdorf, draußen, am Rande ungezählter Felder,
hier wird das Auto abgestellt –
Hinein in die Sonne –
Die Landschaft liegt offen und sehr weit vor mir –
Der Weg übers Feld, dem Wald sich nähern,
den es lange gilt zu umwandern –
Am Horizont ein andres Dorf,
herausgefallen wie aus der Spielzeugschachtel –
Ich mag nur in der Sonne gehen,
das heißt auch, Haken schlagen, Unwägbares wagen –
Die Schuhe werden langsam erdfarben und naß –
Die Sonne wärmt noch sommerlich –
Die Herbstfarben blenden fast das Auge –
Ein Wohlgefühl durchzieht mich,
ein brummig-sattes Behagen –
Wäre ich eine Katze, schnurren würde ich und die Tatzen strecken –
Immer in der Sonne, nur dem Auge nach, dem eignen Willen,
erreich' ich durch ein tiefes Tal das nächste Dorf –
Romanisch nachempfunden die Kirche auf kleiner Anhöhe,
grau in grau –
Der Rückweg, wieder an einem Waldrand, liegt nun im Schatten –
Zögernd wage ich mich dort hinein –
Den Blick fast wehmütig auf die Sonnenseite gegenüber gerichtet –
Doch bald versöhnt der Wald mit all seinen Gerüchen,
das weiche Gehen auf modrig-goldnen Blättern –
Es ist schön, aus der Dunkelheit in das Helle zu sehen,
das Auge weit offen, ohne zu blinzeln,
ganz anders, als in der Sonne zu gehen,
die oft den Blick verstellt –
Kurze Rast auf einem Hochsitz –
Spiegelndes Wasser unter mir,
in dem Blätter wie Seerosen schwimmen –
Mein Atem wird ruhig nach einer Weile –

Ich fühl' ihn wie einen Strom durch meinen Körper fließen –
Ich bin ganz ruhig, gelöst, entspannt –
Mein Kopf wird leicht, die Seele hell –
Gedanken, wie Perlen auf einer Schnur, begleiten mich –
So manche Frage kann ich nun beantworten,
manche Zweifel beheben –
Schatten lichten sich,
Langvergessenes wird licht und transparent –
Es scheint, als würde ich einen Lebensfaden aufnehmen
und ungehindert aufrollen können –
Ich bin in keinem Labyrinth verfangen,
Wege liegen klar und gangbar vor mir –
Wegecken machen keine angst,
sie bieten Spannung, die in das Leben paßt –
Unvorhergesehenes ist es, an dem sich meine Kräfte messen –
Tage wie diese sind wie Trinken aus sprudelnder Quelle,
die nie sich leert –
Der Weg geht weiter –
Auf einer Koppel, die sich zur Straße hochzieht,
zwei Pferde, eines grasend,
das andere, geschreckt wie ein Zirkuspferd,
hebt den Kopf und wiehert seinen Gruß –
Ich steh' am Gatter und locke mit Zungenschnalzen –
Ein lautes Wiehern und im vollen Galopp mir entgegen,
läßt es mit Skepsis sich, aber auch mit Vergnügen streicheln –
Mit leisen Worten schmeichele ich mich in sein Vertrauen ein –
Der Rest des Weges, mit leiser Müdigkeit,
ist schnell gegangen –
Ich freu' mich auf mein Zuhause.

Der Tag vor Heiligabend

Aufwachen nach Tagen nebligen Lichts –
Die Fenster, monochromen Bildern gleich,
blau, ungetrübtes Blau,
es sinkt förmlich in die Seele ein –
Die Stimmung wird hell, vertreibt das letzte Dunkel –

Es ist der Mittag vor Heiligabend –
Spontaner Entschluß, Fahrt in den Taunus,
raus aus der lauten Stadt –
Hochtaunusstraße leer, wo sonst die Blechlawinen rollen –
Woanders weiß ich Menschen in Hast,
Geschäfte blühen auf der Sehnsucht nach verborgenen Träumen –
Parkplatz in Oberreifenberg,
vertrauter Ort seit Kindertagen –
Der erste Weg führt durch das dunkle Grün ins Weiß des Morgentaus –
Lichtstrahlen der Sonne, wie Straßen,
fallen gebündelt durch hohe Bäume hindurch,
direkt vor meine Füße –
Signal aus anderen Dimensionen –
Büsche muggelig rund, mit zuckrig-weißen Hauben –
Gräser, durch Rauhreif filigran,
trotzen dem Eis –
Geäst voll glitzernder Wasserdiamanten,
getautes Eis, behutsam berühr' ich sie,
ein Tropfen fällt auf meine Hand,
er bleibt als funkelnde Perle auf ihr liegen –
Es wird zum Spiel, so viele Wasserdiamanten gehören mir –
Ich steh' ganz ruhig, versunken in mein Spiel –
Ich fühle meinen Atem ruhig ein und aus, ein und aus gehen –
Die Unruhe der letzten Tage fällt von mir ab –
Eine tiefe Ruhe strömt durch meinen Körper, durch Geist und Seele –
Ganz plötzlich kommt mir die Idee für dieses Buch,
seine Struktur, sogar der Titel steht klar vorm inneren Auge –
Ich bin so froh, ganz heiter –
Ich bin ruhig nun, gelöst, entspannt –
Ich freu' mich auf das Fest.

Heiligabend

Raus aus der Großstadt,
mit dem Auto hoch ins mittlere Gebirge –
Drei Frauen; Mutter und zwei Töchter –

Ein Auto, sehr verschiedene Fahrstile,
leichte Gereiztheit, Streit –
Auf der Bergstraße löst sich die Spannung allmählich –
Vor uns und kein Phantom,
tanzende Wolken,
wir sehen Nebelhexen –
Leichte Angst, wie wird es auf dem Rückweg sein?
Glatteis? Nebel in der Dunkelheit?
Ach, was soll's.
Jetzt ist jetzt, und wir fahren zu unsrem Ziel –
Weihnachten in der Kreuzkapelle auf dem Hügel –
Sicht weitherum und tief ins Tal –
Die rotblinkenden Lichter des Bergturms,
Warnung und Hinweis –
Plötzlich, nach dem Dunkel und dem Nebel,
schimmert es durch die Bäume rosarot –
Am Ende des schmalen Pfades,
der von dichten, hohen Tannen hinterm Gatter gesäumt,
die Öffnung zum Kapellenberg –
im Westen der Nachschein des Sonnenunterganges,
ein Farbspiel, in der Stadt so nie zu sehen,
flammendes Rotorange in waagrechten Linien,
durchbrochen von reinem Türkis –
Wie Scherenschnitte die Baumreihen am Horizont,
hinter dem die Sonne vor Stunden verschwand –
Wir sitzen, der Kälte trotzend, auf einer Bank vor der Kapelle
und bewundern dieses herrliche Bild –
Aus der Kirche dringen Weihnachtslieder,
von Menschen gesungen, die einem uralten Brauch folgen,
Feierstunde ohne Priester am Nachmittag des Heiligen Abends –
Wir erbitten den Schlüssel, als alle anderen gehen –
Wir feiern unser eigenes Fest –
In der Grabkapelle aus dem 18. Jahrhundert
steht der Weihnachtsbaum mit brennenden Kerzen,
die Krippe umstellt von Lichtern vor dem Altar,
an den Wänden alte Halter und vor den Bänken dicke, weiße
    Kerzen –
Unsere Musik aus dem kleinen Recorder, den wir mitgebracht, erklingt
    sanft –

Im rechten Fenster das Glasbild der Sankta Monika,
Namenspatronin einer der Töchter,
ist nur noch schemenhaft zu sehen –
Im linken Fenster, der Sonnenuntergangsseite,
der Heilige Augustinus, der Sohn,
der Kirchengeschichte machte –
Es ist friedlich nun auch zwischen uns –
Ruhe, Besinnlichkeit, Meditation –
Nichts ist aufgezwungen, kein sinnentleertes Ritual –
Erinnerung vielleicht auch an die Kinderzeit,
in der Freude und Erwartung auf das Christfest ungetrübt noch
 waren –
Ich lese eine kleine Geschichte, erlebt, geschrieben am Tag zuvor,
eine zufällige Wiederbegegnung mit Freunden aus früherem Lebens-
 abschnitt –
Die Ruhe wird tiefer, sie dringt ein auch in Geist und Seele –
Wir sind eingesponnen in unsere Gedanken,
und doch ist ein Gefühl von Verbundenheit da,
auch wenn ihren Weg jede von uns neu und anders wählt –
Der Gang danach durch die Dunkelheit
über den Bergfriedhof, auf dem viele rote Lichter brennen –
Die Straßen des Dorfes menschenleer –
Weihnachtsabend –
Hinter den beleuchteten Fenstern nur fröhliche, festlich gestimmte
 Menschen?
Wir finden das Haus und geben den Schlüssel ab
für die nichtalltägliche Stunde mit Dank –
Der Rückweg, leicht erhellt durch die Taschenlampe,
bis das Auge sich an die Dunkelheit gewöhnt –
Die Mondsichel, der Abendstern, milchfarben leuchtend vor uns –
Ruhe, tiefe Ruhe liegt über der unverbauten Landschaft –
Die Kapelle auf der Anhöhe, von fern der Bergturm des Feldberges
weisen uns die Richtung –
In allerbester Stimmung sind wir, vergnügt und froh,
erkennend, wie wenig es bedarf,
um in uns selbst die Wunder zu fühlen.

Weihnachtsfeiertag

Zufriedenes Katzenräkeln morgens im Bett –
Frühstück und Zeitung, geliebtes, unverzichtbares Ritual –
Der Anruf einer Freundin, die frohe Festtage wünscht,
ist Signal, Verabredung für einen Besuch der Gräber einiger unserer
    Lieben –
Der Friedhof mehr ein großer, gepflegter Park,
dort ist Ruhe, wenige Menschen sind unterwegs –
Die Windlichter auf den Gräbern sind unser kleiner Weihnachts-
    gruß –
Erinnerungen an viele schöne Stunden, trotz der Kriegszeit,
die die Familie auseinanderriß –
Der Mann der Freundin hatte nur vier Jahrzehnte zu leben,
mitten im Alltag Herzversagen –
Wir gehen durch die Gräberreihen,
sehen manches Kuriosum, manches Anrührende, manchen Protz,
waren sie so geliebt, als sie noch lebten?
Durch die menschenleere Stadt schlendern wir dann zum Museum
am Ufer des Mains, an dem die Ausstellungshäuser von Kunst
sich reihen wie teure Perlen auf der Schnur,
Museumsufer, Slogan, mit dem die Stadt sich brüstet,
glänzend verdeckt es manchen dunklen Teil in ihr –
Festtagsstimmung auch hier –
Blumen im Foyer, Kerzenleuchter in den Vitrinen –
Leuchter in vielen Materialien, aus Jahrhunderten zusammenge-
    stellt,
lassen der Phantasie Raum –
Danach im lichtdurchfluteten Café des Museums mit Blick in den
    Garten,
gute Gespräche bei Kerzenlicht –
Ein erfreulicher Tag, Nachhausekommen in die eigene Behag-
    lichkeit,
Ruhe und Stille sind tiefstes Bedürfnis.

Silvester

Ein Abend, der, wie auch immer, besondere Erwartung erzeugt –
In vielen Formen habe ich ihn schon gelebt –
In der Kindheit, in der Ehe damals mit den Kindern und Freunden,
später auch allein in fremden Ländern
mit neuen Menschen, oft wenig vertraut –
Auch dieses Jahr vor Mitternacht Gedanken an Vergangenes,
Vorfreude auf Kommendes,
Entscheidungen sind gefallen, die das Leben sehr verändern
und die meinen Lebensweg nun neu bestimmen –
Kurz vor Mitternacht ein fröhliches Gespräch mit Freunden
im neuen Japan-Zimmer mit Kerzen und Sekt –
Die Fahrt zusammen zur Brücke an den Main,
viele junge Menschen feiern lautstark, fröhlich –
Drei weiße Schiffe, mit roten Lichtergirlanden geschmückt,
gleiten wie Geisterschiffe vor den eisernen Steg,
die älteste Stadtbrücke mit viel Vergangenheit –
Mitternacht – Silvester,
Korken knallen, Feuerwerk spiegelt sich im Fluß –
Hinter uns die gotische Kirche mit ihrem Geläut –
Knaller erschrecken uns,
die Enten, Möwen und Schwäne flüchten auf die Flußinsel –
Manche Rakete versinkt zu früh im Wasser,
Ringe ziehen sich dann um sie herum –
Küsse, Umarmungen, gute Wünsche –
Etwas wehmütige Gedanken an vergangene Lieben –
Doch dann freu' ich mich über die bunten, platzenden Sterne
die für kurze Zeit den Himmel schmücken –
Ich fühle mich wohl, ein wenig überrascht,
daß nicht mehr Melancholie zu spüren ist –
Wie wird's wohl werden, dieses neue Jahr?
Pläne, Hoffnungen und klitzekleine Ängste?
In guter Stimmung fahren wir nach Hause,
jeder in sein eignes Heim –
Ich bin jetzt allein, aber nicht einsam,
die Kinder, Freunde, ein paar liebe Verwandte,
sie geben Halt und auch Geborgenheit –
Ich habe keinen Grund zu klagen.

Sonntagmorgen im neuen Jahr

Sonntäglicher Gang durch die Stadt,
die ohne Werktagsmenschen sich ganz anders gibt –
Der Platz vor dem Römer, dem Rathaus dieser Stadt,
umringt von einem Sammelsurium an Baustilen –
Justitia, auf dem Brunnen in der Mitte dort,
hält sich vor Schreck die Augen zu –
Die rekonstruierten, umstrittenen Zuckerbäckerhäuschen,
überragt vom Dom,
der den letzten und all die anderen Kriege
äußerlich fast unversehrt überlebte –
Die alte Brücke, der »Eiserne Steg«,
überspannt wie eh und je den Main,
den Fluß, der die Stadt in zwei ungleiche Teile trennt –
»Drüben« das vielgerühmte Museumsufer –
Das Flußufer, Nizza benannt, sandige Wege mit viel Grün gesäumt –
Bänke zwischen Blumenrabatten am Fluß,
die zu freiem Blick auf die Stadt einladen,
deren Silhouette wie ein Scherenschnitt vor dem Himmel steht –
Nebeneinander von Altem und Neuem bestimmt das Bild –
Grausilberne Bankhochhäuser, warmes Rotbraun der alten Kirchen –
Trotz Großstadt eine Idylle –
Ich sitze auf einer dieser Bänke, schaue in den Fluß,
der trübe, langsam vorüberfließt –
Undenkbar, daß der Großvater hier noch schwimmen konnte –
Mein Blick bleibt am Wasser hängen,
das Gleichmaß des Strömens verbreitet Ruhe –
Ich spüre, wie mein Atem ruhig wird.
Er ist ganz ruhig – fließt ein und aus, ein und aus –
Ruhig und gleichmäßig ist er geworden –
Die Ruhe ist Körper, Geist und Seele –
Die Seele ist still, läßt allen Kummer ruhen.

Gertrudiskapelle

Der schmale Weg windet sich wie eine sandfarbene Schlange
den Berg hinauf –
Oben steht sie, die kleine Kapelle, der Gertrudis geweiht,
mit gutem Überblick, Rundblick, Einblick –
Sie erinnert mich an meinen Holzbaukasten in der Kindheit,
bemalte kleine Häuser, Kirchen, Bäume, Menschen und Tiere
ließen viele Spiele der Phantasie zu –
Einige hohe Tannen stehen um das Kirchlein herum –
In der Umfassungsmauer der steinerne Kreuzweg mit dreizehn
    Stationen –
Hölzerne Bänke sind reichlich vorhanden,
du kannst dir deinen Ausblick – Anblick – wählen –
Das Auge kann ungehindert verweilen,
mal auf dem Himmel, mal unten auf dem Tal, auf Bäumen oder
    Wiesen –
Es ist ein Platz, so recht geschaffen für Rast und Ruhe –
Meditieren wird hier absichtslos und selbstverständlich –
Du kommst bald zu innerer Ruhe
und fühlst, wie dein Atem ruhig wird –
Laß ihn geschehen, laß ihn ein und aus, ein und aus ruhig fließen –
sein Maß ist Ruhe, nichts als Ruhe –
Du spürst, wie dein Inneres sich entspannt –
Körper, Geist und Seele finden Ruhe –
Störende Gedanken an das Draußen
fallen wie schwere Steine von dir ab –
Der Alltag rückt weit weg –
Du bist ganz bei dir in gutem Gleichgewicht,
genießt den Ausblick und den Blick nach innen –
Ruhig, ganz ruhig fühlst du dich, gelöst, entspannt –
Genieße die Stille in dir und um dich herum –
Beruhigt gehst du von hier zurück in deinen Alltag.

Rückblick

Es ist ein Leben, heiter oft, hellblau, selten grau –
Trauer und Schatten halten sich in Grenzen –
Kinder, Beruf und Freunde sind haltgebende Stützen, keine
    Krücken –
Spannungen – positive und negative,
Widersprüche gehören zu einem lebendig gelebten Leben –
Neugierig oft wie ein Kind erwarte ich den nächsten Tag,
die Sinne auf Empfang gestellt –
Ich schmecke, rieche, fühle,
kaue mit bittersüßem Genuß auf meinem Leben herum –
Die Zeit ist roh und sehr bedrohlich –
Angst vor neuen Kriegen,
dabei die Erinnerung an den letzten großen,
den ich als Kind voller Angst erlitten habe –
Das Leid der Mutter, als der Sohn vermißt,
dann in Gefangenschaft sehr lange war –
Ihre Schmerzen, die nicht nur die Seele,
die ihren Körper tödlich kränkten –
Sie schrie und krallte sich an Hoffnung –
Oft sah sie das Kind kaum in ihrem Gram,
es war für sie kein Trost –
Doch auch diese Zeit ging vorüber –
Es gibt eine Trauer, die nicht heilt,
doch rückt sie aus dem Zentrum –
Ich will heute leben – trotz allem weiterleben –
Jeder Tag eine Verpflichtung, doch auch Geschenk –
Das wickle ich dann aus, als sei's ein buntes, süßsaures Bonbon,
das leider auch die Zähne kränkt.

Frühstück im Bett

Frühstück im Bett,
in meinen Kindertagen nur erlaubt bei Krankheit –
Viel zu selten war dieser Genuß dem Kind vergönnt –
Heute ist es mir zu einem Ritual geworden –

Das Frühstück mit Zeitung, die unerläßlich,
fehlt sie im Briefkasten, muß ein Buch sie ersetzen –
Das Tablett mit allerlei Genüssen –
Der Tee in der Kanne aus Glas oder aus Ton,
er dampft und duftet ganz verlockend,
vielleicht auch mal Kaffee,
an dem der Geruch mir am besten gefällt –
Die Kissen dick verknäult im Nacken,
das Telefon stets griffbereit,
und nun der Genuß, ganz ungestört –
Diese Freude, die Ruhe, die man sich ganz bewußt verschafft,
es braucht dazu niemand anderen, nur sich selbst –
Das gibt Sicherheit im Alltag, im eignen Leben –
Wissen: Alleinsein heißt nicht Einsamkeit –
Nach solcher Stunde tiefer in die Kissen rutschen
und das Denken abstellen –
Konzentriere dich auf den ruhigen Fluß der Atmung,
bis überall die Ruhe fühlbar wird –
Die Ruhe wird tiefer und tiefer,
alle Gedanken fallen aus dem Kopf,
der Körper ist schwer, ganz schwer geworden und sehr warm –
Die Atmung ruhig und gleichmäßig,
sie geschieht von ganz allein –
»Es atmet mich« –
Tauche ein, wohin die Meditation dich auch führt –
Danach laß den Tag beginnen
und sei gespannt, was er dir bringt.

Badefreuden

Eine anstrengende Woche ist zu Ende –
Tage gefüllt bis zum Rande mit den Problemen anderer Menschen –
Der Versuch, mit an Lösungen zu arbeiten,
kostet mich viel Kraft –
Jetzt steht ein langes Wochenende mir ins Haus,
und die Möglichkeiten, mich zu regenerieren –
Ich werde die Stille genießen –

Ich bereite mir ein Bad,
Ritual – ein kleines Fest für mich allein –
Das Badezimmer ist klein, orange gekachelt, die Wände weiß –
Das Grün der Pflanzen am Fenster tut den Augen gut –
Ein Ficus, Gummibaum mit kleinen Blättern, steht vor der Wanne,
ist geliebter Störenfried beim Duschen –
Im Recorder das Band mit sanfter Musik,
die beruhigend und zugleich auch anregend ist,
die dicke Kerze muß her,
das Telefon und das Buch,
auf kleinem Schemel noch ein Glas mit Sekt –
Die Wanne gefüllt mit blauem Wasser,
sein Duft etwas süß, erinnert mich an Marrakesch,
an orientalische Märkte mit vielen winzig kleinen Gassen,
in denen die Händler Wohlgerüche des Orients,
oft fremd, schwer und süß, vor die Nase zwingen –
Mit vielen Urlaubserinnerungen steig' ich ins Bad –
Die Kerze flackert, durch den Dunst des warmen Wassers
steht die Luft nicht still –
Leise Töne lullen ein –
Das Buch wird bald zur Seite gelegt –
Das Wasser ist köstlich an der Haut zu fühlen,
die oft dünn und so verletzlich scheint –
Die Wärme rinnt in den Körper, füllt ihn aus –
Hände, Arme, Nacken, Schultern,
Rücken, Beine, Füße, nirgends macht die Wärme halt –
So ruhig liege ich im Wasser, ruhig und ganz entspannt –
Der Kopf gestützt auf kleinem Kissen –
Ich genieße die Ruhe, Wärme und Behaglichkeit –
Der Atem geschieht ganz ruhig, ohne Zwang –
»Es atmet mich« –
Der Atem fließt ein und aus – ein und aus –
ganz ruhig ist er geworden –
Nichts stört, nichts lenkt mehr ab –
Wohlgefühl, überall –
Alles gleitet ab, was angesammelt war an Spannung, Ärger,
Traurigkeit, und auch die Wut –
Sanft schaukelt der Körper hin und her, hin und her –
Das Wasser, weich wie dicker Samt, streichelt die Haut,

die gern verwöhnt werden will –
Die Ruhe wird tief und tiefer –
Die Gedanken gehen schlafen –
Das Glänzen der Armaturen wird fast hypnotisch,
leer von Spannung ist der Körper,
Geist und Seele werden ruhig –
Ruhe, Ruhe, und nochmals Ruhe.

Ferienende im Winter

Ferienende in einer Großstadt?
Ist das möglich, bringt das Ruhe?
Römisches Colonia,
Köln, Stadt des Doms und des Kölnischen Wassers –
Fastnacht, Jecken, rheinische Fröhlichkeit –
Romanische Kirchen, noch zwölf an der Zahl –
Museen, Rheinufer mit vielen kleinen Kneipen –
Eine Stadt, die mir viel urbaner scheint
als Frankfurt, Bankfurt und Mainhattan,
Monopole von viel Kapital und Macht –
Hotel, direkt am Dom,
seit Jahrhunderten schon Herberge,
für mich ein oder zwei Sterne zuviel,
aber das Ferienende muß gefeiert sein –
Old fashioned, kein Protz,
polierter alter Charme –
Römisch-germanisches Museum gegenüber –
Dahinter in hellbraunem Klinker
die zwei neuen Museen,
Stiftungen sind es wohl,
Geschenke an die Stadt und ihre Menschen –
Die Dächer festgehaltene Wellen aus Glas –
Treppen, kleine Plätze
ziehen sich von dort bis an das Ufer –
Ein Werktag, Museum ohne Besuchermengen –
Eine kleine Schülergruppe,
die mit Block und Bleistift

interessiert-gelangweilt ihrem schwarzgekleideten Lehrer lauscht,
wie er moderne Kunst aus Amerika
für mich faszinierend interpretiert –
Nach einer Stunde, die schnell verflogen,
ausruhen, die Beine müde ausgestreckt –
Der Geist angeregt und wach –
Fragen, was ist Kunst und wer bestimmt sie?
Nach dem Museum die Suche nach den Kirchen,
die, zerstört im letzten Krieg,
nun wieder restauriert sind nach alten Plänen –
Versteckt in Winkeln oft die kleinen Kirchen,
manche aus konstantinischer Zeit,
400 Jahre nach Christi Geburt einige der Krypten –
In den Innenräumen frühabendliches Dunkel –
Ich bin allein und suche das ewige Licht,
das mir hilft, die Gedanken festzuhalten
und Ruhe zu finden, ruhig zu sein –
Die Gedanken ziehen wie behäbige Wolken am Himmel vorüber,
sind bald nur noch von weitem zu sehen und zu spüren –
Mein Blick wandert weiter –
Bogenfenster, manchmal gerettete alte,
die andern neu, aus hellem Glas –
Pfeiler und Säulen,
die Steine hell und dunkel,
zeigen so die Wunden der Zerstörung –
Im Boden die Mosaike aus normannischer Zeit
wirken wie eben grad gelegte Puzzle –
Fresken, Farben wie ein Hauch –
Gräber, Sarkophage in allen Größen –
Gitter wie Scherenschnitte teilen den Kirchenraum –
Ich sitze auf der letzten Bank
und lasse alles auf mich wirken –
Ich bin ruhig, sehr ruhig und ganz entspannt,
der Atem geschieht ganz ruhig –
»*Es atmet mich*«
und macht mich still –
Ich träum' ein wenig weiter –

Im Dom

Der Dom, von außen grau mit hellen Flecken,
Narben aus vergangenem Krieg –
Innen der Raum schier endlos hoch –
Die Pfeiler leiten wie auf Schienen
den Blick in die Kuppel,
die gotisch kunstvoll verstrebt –
Der Schrein im Allerheiligsten zwei Meter lang,
verfeinerte Gold- und Silberschmiedekunst,
Reliquie und Prunk zugleich –
Macht wird hier sichtbar im äußeren Schein –
Der Dom, nie Ort der Frömmigkeit allein,
macht der Menschen Zwergenhaftigkeit erst deutlich –
Zu allem im Gegensatz der Gekreuzigte,
im Jahr 900 kunstvoll gestaltet,
archaisch streng die Form,
ohne Dornenkrone,
seine Füße nicht gekreuzt,
ein Tuch verschlungen um seine Lenden –
Er berührt mich tief –
Anbetung und Verehrung,
vor über 1000 Jahren von Meistern hier verewigt –
Wer hat in all den vielen Jahren
an diesem Ort schon gekniet, gebetet und gedankt,
um Hilfe angerufen –
An der Orgel übt jemand mit mißlichen Tönen,
ich flüchte in eine Seitenkapelle,
die nur dem Gebet und der Meditation vorbehalten ist –
Dort finde ich die Ruhe, die ich brauche –
Die Ruhe des Raumes dringt ein in mein Inneres –
Ich bin leer von jeder Spannung, von Fragen und Wünschen –
Ich bin bei mir,
und nichts, gar nichts stört die Ruhe und meine Harmonie.

Sankta Maria im Kapitol

Allein ihr Name läßt viele Phantasien zu –
Der Klostergang – Kreuzgang,
gesäumt an einer Seite von Häusern,
die in die Klostermauer eingefügt,
Altenheim heute, wo früher Nonnen lebten –
Ein uralter Baum in der Mitte eines Rasenvierecks,
hat Kriege und Jahrhunderte überlebt –
Die Kirche im Abenddunkel,
nur von wenig Licht erhellt –
Das Ewige Licht katholischer Kirchen
zieht mich hinein –
Wiederaufgebaut nach dem letzten Krieg
ist die Vergangenheit noch spürbar –
Ein großer, runder, Kircheninnenraum,
umfaßt von einem Gang mit Kapellennischen –
Ich setze mich auf eine Kirchenbank, deren Härte von Kissen gemildert –
Der Blick hält sich fest am roten Licht
des silbernen Kandelabers –
Ich spüre, wie die Ruhe tiefer dringt,
Ich bin so ruhig, schwer und ganz gelöst,
so ruhig, als gäbe es nie Probleme –
Alles ist so weit fortgerückt,
Ich bin bei mir, und da fühl' ich mich wohl –
Sehr wohl und friedlich –
da gibt es weder Zweifel noch Ängste oder Zorn –
Ich bin ruhig, gelöst, entspannt –
Ich sinke, ohne jeden Gedanken,
in diese umfassende Ruhe tief hinein,
die wie ein schützender Mantel mich umhüllt –
Körper, Geist und Seele
sind in gutem Gleichgewicht,
Ruhe strömt durch mich hindurch –
Ich überlasse mich ihr.

Plötzlich, ich denke, ich träume es nur,
leiser Gesang, sphärisch fast,

ähnlich dem Zwiegesang der Vesper –
Ich stehe auf und mache mich auf die Suche nach den Klängen –
In der Krypta ist es ruhig wie in einem Grab –
Wieder oben, sehe ich Kerzenschein vor einem Bildnis
auf dem Boden brennen,
kleine Lichter, hingestellt, wie zufällig geordnet –
Drei junge Menschen knien auf Kissen auf dem steinernen Boden –
Völlig versunken ins Gebet, in die Meditation –
Dazwischen kurz ihre hellen Stimmen –
Ich setze mich dazu,
ins Chorgestühl, geschnitzt aus dunklem Holz –
Ich lasse die Unwirklichkeit ganz auf mich wirken,
nichts sträubt sich in mir dagegen, ich nehme es an –
Ihre Ruhe überträgt sich auch auf mich –
Ich bin ganz ruhig, gelöst, entspannt –
Mein Atem geschieht wie ein leiser Hauch –
»Es atmet mich« –
Körper, Geist und Seele sind in tiefster Ruhe und ganz verbunden –
Ich genieße die Ruhe und ein Gefühl von Dankbarkeit.

Wintertag im neuen Jahr

Kleine Taunuswanderung, allein und guter Dinge,
mehr Spaziergang als stramme Wanderung –
Ein wenig Schnee verziert Wald und Wiesen –
Danach Rast im Waldhotel bei Apfelstrudel,
lesen, die müden Beine ruhen aus –
Stimmen, Gemurmel, im Hintergrund,
Familienausflug –
Heimfahrt –
Es ist 6 Uhr abends –
Dämmrung breitet sich hinter den Eckfenstern in meiner Wohnung
    aus –
Zu sehen ist der Fernsehturm, Abbild unsrer Zeit,
wie zeitgenössische Hinterglasmalerei –
365 Tage im Jahr – 365 verschiedene Bilder,
ich müßte sie festhalten im Fotoband –

Eben türmen sich schwarze Wolkengebirge hinter ihm auf,
dazwischen ein helles Gelb,
das ihre Konturen scharf umzeichnet –
Stürmisch scheint es dort droben zu sein –
Die Bilder wechseln schnell,
ich kann sie kaum mit den Augen festhalten –
Einige der Wolken scheinen wie Rauch aus dem Turm aufzusteigen –
Zartrosa Schein im Westen, davor graue Wolken,
noch gefüllt mit Schnee –
Ich muß an Frau Holle denken,
gleich schüttelt sie die dicken Kissen aus
doch nicht Federn fallen raus,
es sind weiße Flocken, naß und schwer,
nachdem in den letzten Tagen doch schon die Amsel sang
und eine Vorahnung von Frühling brachte –
Ich sitze in den braunen Kissen,
die Kerze hellt ein wenig auf –
Nach der Wanderung in der Winterluft spüre ich die Glieder schwer –
Ganz schwer ist der Körper, gelöst, entspannt –
Ich bin ruhig und aufs angenehmste müde –
Mein Atem geht ganz ruhig – ein und aus – ein und aus –
Der Geist ist ruhig, Gedanken ruhen –
Die Seele ist im Gleichgewicht –
Ich bin ganz ruhig, gelöst, entspannt –
Nichts trübt die Winterabendstunde.

*Das hat mein Mütterlein aus mir gemacht...**

Wochenende – 2 Tage – 10 Frauen –
Töchter auch und Mütter –
Wir versuchen uns zu erinnern
an die Mütter und ihren Einfluß auf unser Leben –
Erste Übung ist eine Traumreise, Meditation,
eine schöne und eine schlechte Erinnerung –
Mir fällt ganz schnell das Klavierspiel ein,

* Lied von Hans Scheibner

ein Zeichen immer, daß meine Mutter bester Laune war –
Ich saß gekauert auf der Treppe,
mein Gesicht gepreßt zwischen die hölzernen Geländerstäbe,
ich war ganz glücklich –
Doch leider war es viel zu selten –
Das andere Erleben ist noch heute gegenwärtig
mit all dem Kummer, all dem Leid.
Mein Teddy war verschwunden, der so geliebte, zerzauste,
verbannt, verbrannt,
dafür ein neuer, ätzend gelb und wuschelig,
doch gänzlich unvertraut, gehaßt fast,
den Schmerz nur ungenügend lindernd –
Es brauchte Zeit, bis er den alten ganz ersetzte –
Dann wieder das gleiche Spiel,
nicht hygienisch, ungesund, verbannt, verbrannt –
Wer schert sich schon um Kinderseelen?
Neue Wunden kommen noch dazu,
die Seele ist vernarbt und rauh vor Kummer –
Kinderleben – Kinderleid,
wo bleibt das Glück, die Freude?

Wochenende im Taunus

Die Augusthitze hängt
wie ein feuchter Vorhang über die Stadt –
Der Asphalt ist aufgeweicht,
versucht, die Füße festzuhalten –
Die Luft liegt wie ein dickes Kissen
auf der Brust –
Der Atem geht manchmal schwer,
du mußt tiefer atmen,
ihn ganz bewußt spüren,
fühlen, wie er die Lunge belebt –
Die Bäume in der Stadt
sehen staubig aus, fast grau –
Die Menschen hasten weniger als sonst –
Urlaubsbraun die einen,

urlaubsreif die anderen –
Ein paar freie Tage,
mitten in der Woche,
sind ein Geschenk –
Ein winziges Hotel im Hintertaunus,
ein großer Garten, weite Wiesen,
Koppeln mit Pferden,
Teiche mit Forellen,
sogar ein kleines Schwimmbecken,
neben dem eine riesige Tanne einsam steht –
Essen genüßlich auf einer Gartenterrasse –
Wanderungen im menschenleeren Tal –
Auf den Wegen lasse ich die Gedanken frei –
In Geist und Seele wird es ruhig,
der Atem geht ganz leicht,
ich bin ganz ruhig und entspannt.

Die braunen, zerfurchten Gesichter der Bauern
beeindrucken mich –
Klaglos ertragen diese Menschen
die jährliche Ernte in Sommerhitze –
Ein alter Mann auf seinem Traktor
grüßt freundlich,
wir kommen ins Gespräch –
Die Kinder gingen in die Stadt,
wollten vom Land wenig wissen –
Der Urenkel, eine ganz neue Generation,
zeigt wieder Interesse
am Leben auf dem Bauernhof, dem Land –
Eingebunden in den Regelkreis der Natur
hofft er, ein Gleichmaß zu finden,
in dem es sich gut leben läßt.

Eine Bank am Wegekreuz –
Weiter Blick übers Land –
Rast, die Ruhe bringt,
so langsam weicht der Druck –
Der Atem wird frei und ruhig –
Im Kopf flattern keine wehmütigen Gedanken mehr –

Der Weg durch den Wald, an kleinen Teichen vorüber,
ist gesäumt mit Himbeerbüschen,
die übervoll mit roten Beeren hängen –
Plötzlich leuchtet ein kräftiges Lila durch das Grün,
blühendes Heidekraut
zwischen Glockenblumen und Schafgarbe,
eine junge Birke mittendrin –
Ich sitz' davor und staune glücklich –
In der Wiese dort plötzlich Bewegung:
Nein, keine Rehe,
wie ich zuerst vermute,
doch sind es riesig große Hasen,
die zum Wald hin jagen –

Nach langem Weg die nächste Rast am Waldteich;
In seiner Mitte ein Entenhaus,
das sich langsam im Wasser dreht –
Pfeilschnell springt ein Fisch ins Helle –
Von links nach rechts schwimmt ganz ruhig
ein Frosch ans Ufer –
Ich spüre, wie tiefe Ruhe fühlbar wird,
leichte Gedanken ziehen vorüber,
die Augen fallen zu –
Die Ruhe dringt durch alle Poren.

Ein schmaler Graspfad
führt um den Waldteich herum –
Eine verwitterte Holzbank,
der Sonne direkt gegenüber,
schattenspendende Äste hängen tief darüber –
Der Mittagswind schiebt die Wellen
gleichmäßig dem andren Ufer zu –
Das Wasser ist erdiggrün,
lädt nicht zum Schwimmen ein –
Lichtpunkte über den Wellen
blitzen sekundenschnell nur auf –
Schmale Schilfblätter, bewegungslos,
im Mittagslicht fast durchscheinend,
von starker Leuchtkraft ihr Grün –

Libellen, die Flügel fast gläsern,
tauchen ins Wasser ein –
Schmetterlinge schwanken,
fliegen vom Wind getragen –
Wie viele Gräser gibt es,
so viele Formen und Blüten! –
Vor mir im Wasser Bewegung:
Ein riesiger, sicher sehr alter Karpfen
zieht schwerelos vorbei –
Das Wasser ist still,
kleine Ringe breiten sich langsam aus,
wenn Fliegen die Oberfläche sacht berühren –
Einige braune Blätter bewegen sich
wie Wasserblumen sacht hin und her –
Der Ort ist ruhig, lädt ein zum Meditieren,
kein Wunsch bedrängt die Seele,
kein Gedanke stört –
Ich fühle meinen Körper
wie eine Hülle um mein Selbst –
Ich sitze ganz ruhig, in mich versunken –
ich atme tief und ruhig
ein und aus
–
Die Glieder werden angenehm schwer –
Der Sommertag gibt Wärme ab –
ich fühl' mich warm, ganz leicht und wohl,
ich bin ganz ruhig und gelöst –
Ich weiß, wie schön das Leben ist,
trotz aller dunklen Schatten,
sie sind wie Wolken,
auch sie ziehen vorüber.

Steinwurf

Du suchst die Ruhe, Stille?
Dann sitz in deiner Phantasie am kleinen See –
Du schaust versunken auf das Glitzern des Wassers,
dem die Sonne Bewegung gibt und Farbe –

Der Wind malt Zeichnungen hinein,
wie tief mögen diese Bilder gehen?
Fallen sie bis zum Grund?
Bilden sich neue Geschichten aus den alten,
oder verändern sich nur die Ränder?
Verlaufen sie wie Strukturen unter dem Mikroskop?
Du sitzt ganz ruhig und entspannt –
Dein Körper ruht schwer und warm –
Du fühlst, wie deine Gedanken sich glätten,
dein Atem wird ruhig, er »geschieht« –
»Es atmet mich« –
Auch die Seele genießt die Ruhe, nicht nur der Körper –
Du wirfst ein Steinchen ins Wasser
und beobachtest, wie sich kleine Wellen darum bilden –
Sie werden groß und größer,
bis sie das andere Ufer drüben erreichen –
Ein kleiner Stein – und solche Wirkung –
Du sitzt und sinnst und fühlst dich wohl –
Die Ruhe strömt durch deinen Körper,
einem Energiestrom gleich.

Teekanne

Du suchst für eine Weile Ruhe?
Ruhe für Körper, Geist und Seele?
Dann stell dir vor, du sitzt gemütlich in deinem Sessel –
Du hast jetzt Zeit, du nimmst sie dir –
Deine Augen sind geschlossen –
Jetzt stell dir vor, du hältst eine dicke, runde Teekanne
in deinen Händen –
Sie ist so angenehm warm,
du fühlst die Wärme in deinen Händen,
sie strömt dann weiter in deine Arme –
Hände und Arme sind nun ganz warm –
Du fühlst in deiner Vorstellung,
aus welchem Material die Kanne ist,
fühlst die Struktur, die Oberfläche –

die Form, die Farbe siehst du vor dir –
Schau dir auch einmal die Umgebung an,
in der du mit deiner Kanne bist –
Laß deiner Phantasie nun freien Lauf –
Träum ein wenig weiter –
Dabei fühlst du dich ruhig, gelöst und ganz entspannt –
Dein Atem ist ruhig, fließt durch den ganzen Körper –
Ein und aus, ein und aus, in stetem Gleichmaß, ohne Zwang –
»Es atmet dich« –
Du bist ganz ruhig in Körper, Geist und Seele –
Du fühlst dich wohl, bist ganz in dir.

Baummeditation

Du suchst die Ruhe?
Dann laß dich ein:
Du sitzt vor einem geträumten Baum, ruhig und gelöst –
Sieh sein Wurzelwerk, auch in der Erde, tief verzweigt –
Langsam gleitet dein Blick am Stamm entlang,
du betrachtest die Rinde, ihre Form und Farbe,
betaste in deiner Vorstellung sie mit beiden Händen –
Du fühlst unter deinen Händen sie ganz genau –
Dein Blick geht höher nach oben,
dem ganzen Stamm gilt nun dein Augenmerk –
Noch höher geht dein Blick bis hin zur Krone –
Schau dir alles an –
Die Äste in ihren Variationen –
Denk dir eine Jahreszeit –
Ist es Frühling, Sommer, Herbst oder Winter?
Wirf auch mal einen Blick zum Himmel –
Sind da Wolken?
Sieh ihre Formen und Farben und wie sie ziehen –
Du siehst die Umgebung, in der der Baum hier steht –
Vielleicht kommen Erinnerungen, Gedanken
an gestern, an heute und auch an morgen –
Du bist völlig ruhig, gelöst, entspannt
und träumst ein wenig weiter.

Das Traumnetz

Sie wob um ihn und ihre Beziehung ein Traumnetz aus Wünschen, Sehnsüchten, Hoffnungen und Illusionen. Die bunten Farben der Träume verscheuchten das Grau des Alltags, des ganz gewöhnlichen Lebens.
Glitzernde Tupfen, funkelnde Glanzlichter, tiefstes Schwarz, verwoben in das empfindliche Gespinst. Dazwischen hingen Tränen wie schimmernde Perlen. Eines Tages war das Traumnetz an einer Stelle zerrissen. Es galt, sich daraus zu befreien, aber ähnlich wie bei einem Spinnennetz ist es nicht leicht, all die umschlingenden Fäden abzustreifen. Wie wird das Leben in der neuen Freiheit sein? Der Alltag ohne die leuchtenden Farben, die unhörbare, zauberhafte Musik, die in das Traumnetz verwoben waren?
Wird ein »wohltemperiertes Klavier« die Begleitung für die Stunden des Zusammenseins sein? Oder wird es weiterhin stürmisches Furiosum verlangen, Akkorde, die schrill die Harmonien überdecken? Wird es zu Ende gehen? Oder wird es ein neues Verweben ihrer beiden Lebensfäden geben, in einer Art, die Luft und Raum läßt?

Wird es je eine Zeit geben,
wo Mißtrauen nicht wie eine dicke Kröte auf der Seele hockt,
wo es keine Angst mehr macht, dem anderen und sich selber mehr Freiraum zuzugestehen,
wo das Bild des anderen nicht geschönt ist,
wo Wünsche sich den Grenzen fügen,
wo Sehnsüchte nicht die Realität verstellen,
wo Gegensätze sich friedvoll ergänzen,
wo das Wissen ist, daß zur Freud das Leid gehört, zum Licht der Schatten,
zur Liebe manchmal auch der Haß,
wo das Heute gilt und nicht das Morgen und das Gestern,
wo Vertrauen Ängste besiegen kann,
wo Füreinander gilt und nicht das Gegeneinander,
wo Geschehenlassen, nicht Erzwingen gilt,
wo »Ich liebe dich« heißt: »Ti voglio bene« = »Ich will dir gut«?

Das Lebenskreuz *

Es war einmal ein Mensch, der beklagte sich bei Gott, sein Kreuz, das er zu tragen habe, sei ihm zu schwer. Gott hörte sich die Klage an und schickte den Menschen zu einem Berg, wo er sich unter vielen Kreuzen ein neues aussuchen sollte.
Und so geschah es.
Der Mensch nahm sein Kreuz auf die Schultern und begann den langen, mühsamen Weg zum Berg. Oben angekommen, waren seine Augen geblendet von der Pracht der vielen dort liegenden Kreuze.
Er warf sein altes Kreuz weg und begann sogleich mit der Suche nach einem neuen. Zunächst schulterte er ein diamantenes Kreuz, das außerordentlich prächtig und glitzernd war. Er warf es aber bald wieder ab, denn es war schwer und drückte zu sehr auf seine Schultern. Er nahm danach eines aus Gold, doch es war das gleiche. Ein wundervolles Smaragdkreuz dünkte ihn endlich das richtige, doch auch hier wieder die gleiche Erfahrung, es war zu schwer. Der Mensch probierte weiter und weiter. Allmählich wurde er mutlos. Da fand er ein hölzernes Kreuz. Er nahm es auf seine Schultern, und siehe da, es paßte vorzüglich. Er jubelte und teilte Gott seine Freude über das nun gefundene neue Kreuz mit.
Da sagte Gott zu ihm: »Es ist dein eigenes altes Kreuz, das du gefunden hast.«
Der Mensch ging zufrieden von dannen.

---

* Dieses kleine Märchen habe ich, ich weiß nicht, wann und wo, gehört und aus der Erinnerung mit meinen eigenen Worten aufgeschrieben.

Alleinsein mit sich selbst

*Aphorismen von A–Z
zum Meditieren*

Die folgenden Aphorismen sind als Vorlagen zum Meditieren, zum Assoziieren gedacht. Das Nachdenken, die sinnende Betrachtung, das Versenken erfordert kein tiefgründiges intellektuelles Erforschen des Sinns. Man läßt die Sätze einfach auf sich wirken, gibt die eigenen Gedanken, die Phantasie frei. Die Konzentration auf den Aphorismus erleichtert das Ab- und Ausschalten des oft bedrängenden Alltags, was »absichtslos« zur Entspannung und inneren Ruhe führt. Diese kurzen Pausen vom Alltag wirken wie das Aufladen einer Batterie.
Die Aphorismen aktivieren die Fähigkeit, Innenbilder zu schaffen, die durch die Massierung von Außenbildern, denen sich die meisten nur schwer entziehen können, in Gefahr sind zu verkümmern.
Es ist interessant zu beobachten, daß der gleiche Aphorismus bei wiederholter Benutzung zu völlig unterschiedlichen Erfahrungen, Gedanken, Bildern führen kann. Innere Befindlichkeit, Lebenssituation und vieles mehr läßt die Seele ständig neue, aktuelle Bilder entwickeln.

Alleinsein mit sich selbst kann die beste
Gesellschaft sein

Blumenstreuen ist Verneblung

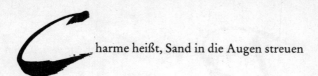harme heißt, Sand in die Augen streuen

Dich lieben heißt, mich oft verleugnen

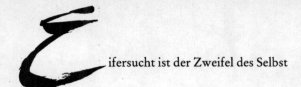ifersucht ist der Zweifel des Selbst

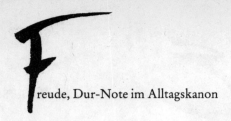
reude, Dur-Note im Alltagskanon

Geborgenheit ist das Herdfeuer meiner Seele

Habgier sind die Haifischzähne meines Ichs

Ich bin ich ist kein Größenwahn

Jugend hat die Verpflichtung zu Zweifeln

Kinder sind meine Flügel zur Unsterblichkeit

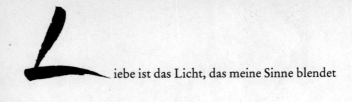iebe ist das Licht, das meine Sinne blendet

Mut ist der Sprung über meine Feigheit

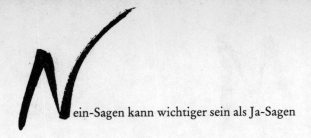Nein-Sagen kann wichtiger sein als Ja-Sagen

Ohren der Seele hören fein

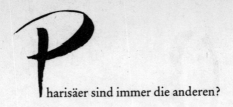harisäer sind immer die anderen?

Reisende sind auch Flüchtende

Siege sind oft zu teuer errungen

Traurigkeit ist das dunkle Auge der Seele

Unglück ist nie ein Null-Wert

Verlassen ist die Angst vor dem Verlassenwerden

Weinen ist nicht die Kehrseite des Lachens

Xanthippe ist die Erfindung von Männern

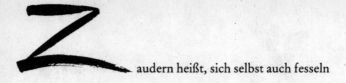audern heißt, sich selbst auch fesseln

Klatschmohn Kornblume

*Meditationen mit
japanischen Gedichtformen*

Die Meditation ist einer der »Wege« in der Philosophie des Zen und mittlerweile auch im Westen Bestandteil vieler pädagogisch-therapeutischer Methoden. Der Zen-Buddhismus, heute weitgehend in Japan beheimatet, ursprünglich aus Indien über China dorthin gelangt, übt auf den westlichen Kulturkreis große Faszination aus. Zen-Klöster in Japan öffnen sich inzwischen auch westlichen »suchenden« Menschen. Meine persönliche Auseinandersetzung mit Zen führte mich zu der japanischen Dichtkunst des Haiku und des Senryu, die mich sehr beeindruckt haben. Die kurze, prägnante Sprache, die komprimierte Form von Bildern im klassischen Haiku, kommt dem westlichen Geschmack für knappgefaßte Lyrik entgegen.

Das Haiku ist eine Gedichtform, die ein Metrum von 5-7-5 Silben hat und nur aus drei Zeilen besteht. Zu diesem formalen Element kommt eine inhaltliche Gebundenheit an Naturerscheinungen hinzu und der Bezug zu einer der vier Jahreszeiten. Für die Jahreszeiten gibt es ganz bestimmte Worte, an denen man sie erkennt. »Verschwommener Mond« zum Beispiel oder »Kirschblüte«, »Frösche«, »Veilchen« bezeichnen das Frühjahr. Den Sommer: »Hitze«, »frisch bepflanztes Reisfeld«; den Herbst: »Nebel«, »Tau«, »Birne«; den Winter: »Kälte«, »Eis«, »Schnee«, »kahle Bäume«, »Mantel«. Im Haiku ist jede persönliche Bemerkung, jeder subjektive Faktor untersagt. Es ähnelt in der Form einer photographischen Darstellung eines Naturzustandes. Der Dichter »malt« gleichsam reale Dinge und Situationen mit Worten ab. Diese Bilder aus Worten lassen den beschriebenen Inhalt sofort vor dem inneren Auge des Lesers erstehen. Das sind die äußeren Bedingungen eines Haiku, zu den inneren gehört eine geistige Haltung, die in der buddhistischen Tradition wurzelt. Deshalb wird es immer eine Kluft zwischen dem japanischen Haiku und seiner europäischen Version geben.

Ein Haiku entsteht aus einer meditativen Versenkung, der tiefen Konzentration und einer geistigen Sammlung.

Die knappe Darstellung eines Augenblickes in der Natur ist ein wirkungsvolles Medium zum Meditieren. Die Wortmalerei, die oft versteckte Metaphorik, der philosophische Inhalt sind Anregungen für eine geistige Auseinandersetzung oder eine Gedankenspielerei. Den konkreten Text, den genauen Wortlaut wird der Lesende bald vergessen können. Er hört und sieht in seinem Inneren, er meditiert, assoziiert das Haiku mit seinen eigenen bewußten und unbewußten Gefühlen und Erfahrungen. Der objektive Inhalt wird zum subjektiven Erlebnis transformiert.

Die besondere Kunst des Haiku liegt also in der Beschreibung ganz realer Dinge als Medium zur Freisetzung individueller Eindrücke und Empfindungen des Lesenden. Die Abstraktion, das Zurücknehmen jeder persönlichen Gefühlsbeschreibung des Dichters ist ein Ausdruck buddhistischer Philosophie: das Ich, das Selbst, nicht so wichtig zu nehmen, nicht zum Mittelpunkt des Seins zu machen, sondern in größeren Zusammenhang mit dem Kosmos zu stellen, eine Verschmelzung mit dem Göttlichen anzustreben.

Das Senryu könnte man großzügig als eine Erweiterung des Haiku beschreiben. Es entwickelte sich etwa um das 17. Jahrhundert in Japan. Die Form, das Metrum 5-7-5 Silben, ist in beiden gleich, kann aber beim Senryu geringfügig variiert werden. Die objektiven Naturbeschreibungen dürfen nun mit subjektiven Reflexionen, mit Kommentaren verbunden werden. Auch gesellschaftliche Inhalte sind möglich, die uns manches über japanische Eigenart mitteilen. Der Alltag wird oft kunstvoll in vielen Facetten beschrieben.

Das Senryu ermöglicht somit eine größere Freiheit für den Dichter, aber auch für den Lesenden. Deshalb ist es im westlichen Sprachraum recht beliebt und dient als Anregung, als Vorbild für neue, moderne Lyrik. Das Senryu bietet Lebensweisheiten, es regt an zu Betrachtung und Besinnung. Die persönliche Sensibilität im Umgang mit Menschen und der Natur kann dadurch verstärkt werden. Es erfüllt damit den Anspruch einer »belebenden« Meditation.

Es versteht sich, daß ich als europäisches Kind des 20. Jahrhunderts nicht in der kulturhistorischen Tradition einer japanischen Haiku-Dichtung stehen kann. Diese unvergleichlich schönen lyrischen Kurzgedichte haben mich jedoch zu eigenen Meditationsvorlagen und -anregungen inspiriert. Die Naturimpressionen sind sehr persönliche Beobachtungen und Betrachtungen, so wie die Augenblicksbeschreibungen Verdichtungen alltäglicher Begegnungen, Begebenheiten und Reisen sind.

Einige Dreizeiler haben einen mehr surrealen Inhalt, so bieten sie einen großen Freiraum für Meditation und Assoziationen.

Den meisten Lesenden wird die Form zunächst fremd erscheinen. Hat man sich aber an den ungewohnten Sprachrhythmus gewöhnt, wird die große Vielfalt der persönlichen Assoziationen und Meditationen erlebbar. Die komprimierte Form einer Meditationsgeschichte läßt dem Lesenden einen großen persönlichen Freiraum.
Aber auch hier gilt bei der Meditation: Loslassen, Geschehenlassen, Geduld haben. Nur durch »Nichterzwingenwollen« ist Bewußtseinsöffnung möglich.

Das unveröffentlichte Manuskript »Einführung in das Verstehen der Haiku-Dichtung« von Dr. Karlheinz Walzock war mir bei der Verfassung dieses Textes sehr hilfreich.

Naturimpressionen

Klatschmohn, Kornblume
inmitten reifenden Korns
Ernte ist ihr Tod

Der junge Vogel
in jubilierendem Flug
stößt sich am Fenster tot

Heuballendüfte
Sommererinnerungen
wehen über Land

Nachtigallenlied
dem Stadtkind wie Tonbandklang
weckt Liebesträume

Gezacktes Blütenblatt
reißt Wunden in die Hände
die Schönheit suchten

Regennasse Erde
hält die Fußspuren fest
wie Monogramme

Wehende Büsche
erinnern mich an Fächer
in Frauenhänden

Vogel im Käfig
jubiliert tagein, tagaus
vergißt Gefangenschaft

Rosen auf dem Tisch
Duft aus Blütenkelchen
Verwesungsgeruch

Sanftes Hügelland
Weiter Blick ohne Grenzen
Düsenjägerlärm

Kiefernbaum am Weg
Dachbreite Krone
bietet dem Wanderer Schutz

Sternschnuppen im Juli
silberne Wünsch-dir-was-Spur
rasen durch das All

Amsel am Abend
kündigt vor Sonnenuntergang
den Beginn der Nacht

Die Sonnenblume
dreht ihre schweren Blüten
stets der Sonne zu

Die Ähren des Korns
wiegen sich als goldnes Meer
in dem lauen Wind

Eiskristalle am Fenster
sind Zeichnungen
des Wintergeistes

Im Spitzengeflecht
der Zweige und Gräser
warmblütiges Leben

Die Rosenblätter
auf sandigem Gartenweg
der Wind verweht sie

Die Abendsonne
gleitet wie ein Luftballon
hinters Gartenhaus

Frosch im Gartenteich
unter dem Seerosenblatt
gibt Abendsignal

Himmel, türkisblau
die rosa Abendwolke
schwimmt langsam weiter

Wald und Himmel
Schnittlinie am Horizont
trennt Grün vom Blau

Waldwiesen wie Samt
unter den Füßen das Gras
weckt Kindheitsträume

Libelle im Schilf
gläserne Flügel schwirren
in der Sommerluft

Der Vollmond hängt wie
ein Riesenlampion
leuchtend überm Gartenweg

Die Stunden zwischen
Tag und Nacht, sie verfliegen
bei einem Krug Wein

Julisommertag
Bienen in Blütenkelchen
suchen die Essenz

Fischteich im Wald
Frosch auf dem Seerosenblatt
der Wind schaukelt ihn

Schatten auf dem Pfad
Sand knirscht unter den Füßen
Sonne weist den Weg

Forellenweiher
Nebelschwaden über ihm
Fische schnappen nach Fliegen

Mittag im Sommer
Sonne beleuchtet das Land
Wolken ziehen auf

Gewitterhimmel
Donner verscheucht das Schwarze
überm Bergwald

Grasende Schafe
im Geviert des Holzpferches
lebende Wolknäule

Der Mond am Himmel
zur hohen Mittagsstunde
ist Nachtversprechen

In Tautropfen
an kahlen Ästen im Herbst
spiegelt sich Leben

Unterm Rosenstrauch
sammeln sich dunkle Schatten
zu kleinen Höhlen

Am Straßenrand
Akanthusblüten erinnern
an Kapitelle

Die Spur des Käfers
auf moosigen Waldpfaden
Runen des Schicksals

Spinnen in Netzen
müssen es nur erwarten
ihr Augenblick kommt

Die Rosenblätter
kunstvoll niedergesunken
Der Wind verweht die Form

Die Wassertropfen
an grünen Tannennadeln
hängen wie Tränen

Kleingartenidylle
Bienengesumm in Blüten
wie Sommerkonzert

Platanen am Fluß
ihre Blätter ein Teppich
den Füße treten

Die weiße Kette
einer Schwanenfamilie
schwimmt gegen den Strom

Die Möwe fliegt hoch
schriller Schrei hängt fordernd
über dem Wasser

Am Wegkreuz im Wald
zögert des Wanderers Schritt
das Ziel ist offen

Der kleine Waldteich
spiegelt die Wolkenberge
zurück zum Himmel

Der Mond hinterm Haus
die buttergelbe Scheibe
macht die Nacht zum Tag

Eiskristallen gleich
hängen Sterne im Nachtblau
Lichtjahre entfernt

Das Abendgeläut
weitab von den Großstädten
verwandelt die Zeit

Zwischen zwei Wäldern
liegt wie das Auge des Pan
der Seerosenteich

Sonniger Frühherbst
Palette vieler Farben
auf Bäume gemalt

Die Birkenwiese
begrenzt von Tannenwäldern
smaragdgrünes Bild

In der Gaststube
knisterndes Feuer im Herd
erwärmt das Gemüt

Nur eine Stunde Fahrt
vergessen die laute Stadt
die Seele schmunzelt

Erste Herbsttage
Frühnebel netzt die Blätter
bunte Farben schimmern

Glänzende Kastanie
platzt auf die Straße
weckt Kindersammellust

Am Ende des Tals
trifft der Waldpfad den Bach
zwei Wege, wohin?

Die Lerche droben
widersteht dem freien Fall
ihr Lied scheint Triumph

Die Quelle zerrinnt
bevor sie ihren Weg gegraben
unterm Schlehdorn

Der Wald ist ganz still
es fehlen mit ihrem Klang
die Sommervögel

Tau hängt an den Gräsern
sie beugen sich unter der Last
trotzen aber dem Wind

Silberner Fischleib
schnellt aus dem Waldteich
sucht er Licht oder Fliegen?

Wehende Blätter
von spätsommerlichen Bäumen
sinken ohne Laut

Letzter Schmetterling
taumelt durch buntes Herbstlaub
Sommergedanken

Die Nebelschwaden
zwischen den glatten Stämmen
spielen Gespenster

Wolken in Winden
stürmen voran ohne Zeit
verlachen ein Ziel

Wispernde Blätter
verraten meine Schwüre
den kalten Sternen

Als ich die Rose pflückte
fiel ein Blutstropfen
wie eine rote Träne

Die Birkenbäume
halten die weißen Flächen
dem Mond entgegen

Trockene Gräser
auf nebelhellen Wiesen
stehen filigran

Silberne Allee
schimmert wie ein Kindertraum
die tanzende Fee

Steine auf dem Weg
lassen mich träumen
Bergkristalle zu finden

Dunkelrotes Blatt
liegt wie ein Herz auf dem Weg
der mich zurückführt

Die weißen Schwäne
am grünen Flußufer
Erinnerung an Opern von Wagner

Die Lindenblüten
Kaskaden von Düften
hängen in der Luft

Die Weiden stehen
wie versteinert am Ufer
trotzdem lebendig

Graukalter Nebel
quillt aus dem Heideboden
verschleiert den Tag

Stadt wie Kohlebild
auf grauweißer Leinwand
des Januarwinters

Augenblicksbeschreibungen

Die Schale der Nuß
rettet ihren süßen Kern
vor zahnlosem Mund

Der schreiende Mund
ist die offene Wunde
der verletzten Seele

Erdrückende Angst
hockt wie ein Frosch auf dem Blatt
auf bebender Brust

Nach dem ersten Glas
goldfarbenen Alkohols
fliegt seine Seele weg

Verlorene Seelen
in der umgestürzten Welt
fliehen wie Schatten

Das Ticken der Uhr
läßt den Pulsschlag des Blutes
im Ohre dröhnen

Brüchige Werte
zwingen auf Wunder zu hoffen
in weltlichem Chaos

Windlose Stille
scheint in den Metropolen
hörbar zu klingen

Würzigherber Rauch
der erwachenden Öfen
läßt Augen tränen

Fliegende Träume
in azurner Weltkugel
platzen dort im Schall

Im Bücherregal
bunt gebundene Träume
warten auf Freiheit

Die Geigenklänge
sie dringen durch Wände
glatt in die Seele

Sand gegen den Wind
geschüttet in der Wüste
fliegt wieder zurück

Glasperlenspiele
sphärische Klänge verspinnen
Flucht aus dem Alltag

Schleier vorm Gesicht
Grenzziehung vor anderen
hält Liebe zurück

Ins Wasser schauen
das Antlitz liest die Gedanken
hinter der Stirn

Festhalten wollen
den flüchtigen Augenblick
der Vision Liebe

Erinnerung an
mütterliche Belehrung
läßt den Greis zittern

Träumende Stille
im Raum mit Reispapierwand
Insel im Alltag

Erfüllte Stille
sie läßt die Liebenden
lautlose Lieder hören

Nachmittagsruhe
nach mühevoller Wanderung
ist sie honigsüß

Hinter der Mauer
meines klopfenden Herzens
hocke ich zitternd

Bemooster Wohnblock
beherbergt Kindheitsfreunde
im falschen Land

Mit Wortgerassel
schlagen manche Politiker
alle Gedanken tot

Lautlose Schreie
kleben an brüchigen Mauern
doch sie halten stand

Im Dunkel der Nacht
schleichen Gespenster davon
zurück bleibt Leere

Der Ruf des Eisvogels
lockt Sehnsüchte aus Herzen
die sonst verschlossen

Unruhige Wellen
hasten über die Meere
fangen Seelen ein

Augen der Eule
verfolgen den Flüchtenden
auf dem Weg ins Nichts

Helle und Schatten
in Gesetzmäßigkeiten
bieten Hoffnungen

Brennende Kerzen
sind kleine Seelenfeuer
Lichter im Auge

Glocken der Kirchen
am frühen Sonntagmorgen
läuten Zweifel ein

Läuten der Glocken
in der Stille des Abends
Trost meiner Kindertage

Das Licht der Lampe
liegt auf Familientischen
täuschend und einend

Himmel und Hölle
ein fast vergessenes Spiel
meiner Kindheit

Kinder und Küche
sind Fluchtburgen für Frauen
von andren gebaut

Träume am Ofen
schaukeln in Kinderruhe
verwischen Alltag

Der Blick aus Fenstern
über die Dächer der Stadt
er läßt mich fliegen

Die aus der Fremde
Gäste für unsre Arbeit
erfrieren in Kälte

Unter den Steinen
haben sich Drachen versteckt
schüren ihr Feuer

Die Seele wird hell
Melancholie löst sich auf
froh feiert das Selbst

Offene Bücher bieten
kostenlose Reisen
in Niemandsländer

Bilder von Florenz
im Museum der Stadt
zaubern Urlaub zurück

Flackernde Kerzen
an grauen Wintertagen
täuschen Wärme vor

Die schwarzen Wolken
hocken wie dicke Kröten
vorm Sprung in den Teich

Um das Tischquadrat
drei Generationen
viele Frauen und ein Mann

Das Reflektieren
der eignen Lebensmuster
provoziert Fragen

Ein Stück Baumrinde
vor mir auf dem Arbeitstisch
verströmt Herbstlaubduft

Gedanken fliegen
weg von den Diskussionen
in die Phantasie

Zwiespalt bleibt zurück
Gefühle werden versteckt
viel Kopfgeburten

Vorsicht und Distanz
schaffen kühle Harmonie
wenig Gefühle

Sommerferien
machen die Großstadt zur Provinz
mit leeren Straßen

In Erdhöhlen tief
hocken bucklige Gnome
und warten auf Titania

Knisternde Feuer
herbstlicher Kaminstunden
brennen Wünsche zu Asche

Die schwarze Katze
sie blickt sehr geheimnisvoll
denkt nur an Mäuse

Die fremde Katze
verschmäht die lockende Hand
Mißtrauen im Blick

Katze in der Wohnung
sie streicht ruhelos herum
verleugnet Instinkte

Teezeremonie
die Kontakte mit Japan
lösen Neues aus

Das Ticken der Uhr
an Sonntagnachmittagen
dehnt die Einsamkeit

Der Tee in Tassen
verbreitet Behaglichkeit
löst den Alltag ab

Spiegelblicke
Lebensspuren erkennen
mit Trauer und Glück

Blaue Dämmerung
die Gedanken bündeln sich
wie Laserstrahlen

Jazz an Sonntagen
vereint Generationen
im Hof des Museums

Unterwegs

Die Reisefreude
Stimulanz im Alltagsgrau
Hoffnung nur ein Traum?

Reisefluchten
lösen aus engen Fesseln
sind Balsam für Seelen

Fröhliches Lachen
hinter der Zementmauer
täuscht Idylle vor

Thai-Fest in Homburg
ein Hauch Exotik im Park
Tänze und Musik

Thai-Tänzerin in
bunten Seidengewändern
Anmut und Grazie

Alte Parkbäume
grüne Mauer umrundet
das Festgeschehen

Historischer Markt
in kleinen Buden Handwerk
aus alten Zeiten

Im Klosterhof herrscht
buntes Marktleben
wie Filmkulisse

Menschen in Tracht
versuchen sich in alten
Sprachen und Gebärden

Kloster mit Kirche
inmitten von Großstadtlärm
fast unzeitgemäß

In Eisen verspielt
das geschmiedete Gitter
überdauert Zeit

Romanisches Tor
Figuren, sandsteingeschnitzt
Zeugen ihrer Zeit

Bilder in Museen
sind wie fragende Augen
warten auf Kenner

Blick durch ein Fenster
helles Licht und viele Leute
geheime Ordnung

Burgruine am Hang
überzogen von Efeu und Zeit
Bild aus Märchenbuch

Im Dunkel der Ort
Bäume mahnende Zeichen
über den Gräbern

Barocke Schlösser
die gedrechselten Hecken
umsäumen den Teich

Gotische Kirchen
überreich sandsteinverziert
bewachen die Stadt

Betende Menschen
in kühler Klosterkirche
wecken eignen Wunsch

Madonna mit Kind
umgeben mit Strahlenkreuz
Hoffnung vieler Pilger

Der Klostergarten
mit steinernen Grabsäulen
Insel der Ruhe

Die Ordensschwestern
zwischen Jahrhundertmauern
gleiten fast lautlos

Die Klosterglocke
lädt zur Meditation
es ist Vesperzeit

Dormitorium
einst Schlafsaal der Nonnen
heute Museum

Die Einsiedelei
früher tief im Wald versteckt
nun am Straßenrand

Ostern in Kappadokien

Ankunft Antalya
warme Luft empfängt den Gast
aus kühlerem Land

Erster Blick zum Meer
hohe gezackte Berge
wie Scherenschnitte

Tee auf Terrasse
hoch über dem Hafen dort
Samowar brodelt

Die Bazare laut
locken mit Lust und Geschick
in enge Gassen

Türkische Moschee
Minarett, kunstvoll geschnitzt
Muezzinruf vom Tonband

Taurusgebirge
die Kiefernwälder in Schnee
Himmel blau gemalt

Auf der Paßhöhe
erste Rast mit weitem Blick
übers grüne Land

Die Straße bergab
windet sich ins Tal
wie eine Riesenschlange

Blühende Bäume
auf Hängen leuchten schimmernd
wie mit Schnee bedeckt

Große Städte am Weg
für Süden ungewöhnlich
ausgefegt, reinlich

Die alten Frauen
in Traditionsgewändern
schreiten gemessen

Anatolien
Straße endlos schnurgerade
Graues links und rechts

Die Hochebene
durch Kargheit gekennzeichnet
Raubbau von Menschen

Karawanserei
an anatolischen Straßen
prachtvoller Reichtum

Städte am Berghang
kleben wie Vogelnester
graue Quadrate

Mevlanas Grabmal
Pilgerstätte für viele
kaum noch meditativ

Mystikerorden
tanzende Derwische
sie machten Politik

Im Museumshof
Menschen in vielen Sprachen
verscheuchen Ruhe

Alter Friedhof dort
Stätte innerer Einkehr
ohne Blumenschmuck

Menschengesichter
wie geschnitzte Ikonen
fragende Augen

Die Rast unterwegs
Garküchen mit Duft
seufzendes Sattsein

Freiluftmuseum
wundersame Göremme
viele byzantinische Kirchen

Die Sandsteinwunder
von Kappadokien
Vulkanüberreste

Bizarre Formen
wie von Menschenhand geschnitzt
glitzernder Sandstein

Höhlendorf oben
unten Hotel mit vier Sternen
gestern und heute

Berghang dahinter
Löcher wie tausend Augen
alte Wohnungen

Höhlenwohnung
archaische Lehmbauten
Fernsehantennen

Töpfer in Höhlen
Formen wie vor tausend Jahren
Touristenware

Das Höhlenkloster
weit ab von großen Straßen
ein Sandsteinwunder

Von Höhenstraße
in tausend Kurven zum Meer
Ausblicke, traumschön

Das Stauferkastell
Kreuzritterstation auf dem Weg
zum heiligen Krieg

Küsten verdorben
durch Beton-Hotelburgen
Profit als Maxime

In der Dorfschule
sitzen die Kinder sehr brav
Anpassung Prinzip

Lavendelblüten,
Mimosenbäume leuchten
durch Ruingestein

Die Luft klirrend kühl
wandern hoch über den Berg
ist Meditation

Das Land so wunderschön
die Menschen uns zugeneigt
wir kommen wieder

Liebe

In der Phantasie
bau' ich die Welt ganz neu
doch mein Haus zerbricht

Geben und Nehmen
Liebe ist kein Geschäft
trotzdem klag' ich ein

Träume sind wie Glas
wenn der Morgen sie berührt
zerbrechen sie schnell

Der Rest des Tages
linderte meine Seelenqual
als ich schon aufgab

Küsse und Tränen
Brücken zwischen zwei Menschen
Seiltanzen, Absturz?

Meine Sehnsüchte
Drachen gleich, fliegen zu ihm
mit dem rauhen Wind

Dumpfe Traurigkeit
sickert in meine Seele
erstickt Energie

Gedanke und Wunsch
fliegen ohne Halt davon
mein Herz hängt gefangen

Sehnsucht nach Liebe
auch nach der Lust des Eros
schnürt mir den Geist ein

Im Traum dich sehen
spiegelt mir gleißnerisch vor
Wunschbild, nicht Wirklichkeit

Große Vorfreude
auf sein Kommen am Abend
läßt Wünsche flattern

Erklär, was Liebe ist
noch keiner konnt's mir sagen
drum mißtrau' ich mir

Liebesgeplänkel
Streitgespräche ohne Wut
prickelnde Essenz

Seine Drohung
machen sie wieder zum Kind
Ängste brechen auf

Worte der Liebe
geflüstert im Nachtschatten
Wundpflaster fürs Herz

Verletzt igelt sich
das kindliche Ego ein,
und klagt unhörbar

Wie spitze Pfeile
zielen Wünsche auf ihn hin
prallen hart zurück

Wenn der Geist leer ist,
frißt die Einsamkeit die Seele,
tötet das Gemüt

Meine Eifersucht
bohrt wie brennende Pfeile
gegen jede Vernunft

Spinnwebgleiche
Gedanken kleben an mir
hartnäckig fest

Festhalten wollen
so Flüchtiges wie Liebe
vielleicht in Worten

Anscheinend gläsern
hält er der Anklage stand,
die wie Lava strömt

Tagaus, tagein drehn sich
viele Eiskugeln
in seiner Brust

Wie Nebeldünste
im Urwald Brasiliens
wabert Mißtrauen

Kleiner, bunter Traum
vom ganz alltäglichen Glück
platzt am Banalen

Die alte Freundschaft
durch Lügen stumpf geworden
ist sie ohne Zukunft?

Autogenes Training und Yoga

Else Müller
Du fühlst die Wunder nur in dir
Autogenes Training und Meditation in
Alltagsbeobachtungen, Aphorismen und Haikus
Band 11692

Du spürst unter deinen Füßen das Gras
Autogenes Training in Phantasie- und Märchenreisen
Vorlesegeschichten
Band 3325

Auf der Silberlichtstraße des Mondes
Autogenes Training mit Märchen zum Entspannen
und Träumen
Band 3363

Wege in der Wintersonne
Autogenes Training in Reiseimpressionen
Band 11354

Nina und Michael Shandler
Mit Yoga zur sanften Geburt
Ratgeber für werdende Mütter und künftige Väter
Band 3322

Kareen Zebroff
Yoga für jeden
Band 1640

Fischer Taschenbuch Verlag